WOHN-
TRÄUME

  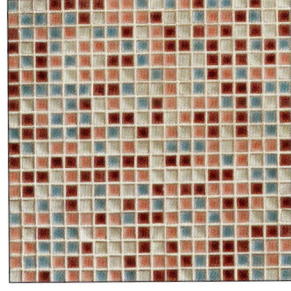

WOHN-TRÄUME

Das ideale Zuhause stilsicher

planen und realisieren

JENNY HASTIE

INHALT

EINLEITUNG

Erst die Einrichtung macht Ihr Zuhause wirklich zu einem Heim voller Leben und Atmosphäre. Die Auswahl von Farben, Stoffen und Möbeln soll Ihnen Freude machen und am Ende zu einem Ergebnis führen, das so einzigartig ist wie Sie selbst. Dieses Buch möchte den Prozess des Einrichtens entmystifizieren und Ihnen eine praktische Hilfe sein.

Um sich einen allgemeinen Überblick zu verschaffen, können Sie es Kapitel für Kapitel durchlesen. Oder Sie suchen sich ganz gezielt ein Thema heraus, wenn Sie Rat oder Hilfe wünschen, etwa wenn es um Ihren Wohnstil oder die Wahl eines Materials geht. Das Buch möchte Ihnen zeigen, wie Sie mehr aus Ihrem Zuhause machen können und wie Sie mit Accessoires Ihre Einrichtung elegant abrunden.

Lassen Sie sich von den zahlreichen Fotos inspirieren, und vertrauen Sie Ihrem Gefühl, wenn es darum geht, was am besten zu Ihnen und Ihren Gewohnheiten passt. Planen Sie die Renovierung oder Umgestaltung sorgfältig, und machen Sie sich mit Freude an die große Aufgabe, dann werden Sie sich ein Zuhause schaffen, in dem Sie, Ihre Familie und Ihre Gäste sich rundum wohlfühlen.

STIL UND FARBEN

KLEINE STILBERATUNG

Wir alle haben unseren eigenen Stil. Im Laufe der Zeit, mit jedem Umzug und mit wechselnden Lebensumständen verändert er sich zwar ebenso wie wir. Aber er bleibt doch stets typisch für uns.

Die Einrichtung wird meist von ganz praktischen Faktoren bestimmt – vom Budget und von den unterschiedlichen Vorstellungen der Bewohner –, gerade deshalb ist es wichtig, darauf zu achten, dass der Stil uns emotional entspricht und zu unseren Lebensgewohnheiten passt. Die Palette aber ist so groß, dass es fast unmöglich scheint, sich für einen bestimmten Stil zu entscheiden. Die ganze Welt findet sich heute in unseren Wohnzimmern wieder: Antiquitäten aus Deutschland, Großbritannien und Frankreich, Stoffe aus Indien, Afrika und China, schlichte Möbel aus Skandinavien und den USA. Der Einfachheit halber stellt dieses Buch deshalb drei Hauptrichtungen vor: traditionell, klassisch und modern. Zu diesen Stilen

finden Sie zahlreiche Ideen und Kombinationsmöglichkeiten. Und wenn Sie einen Look gefunden haben, der Ihnen gefällt, nutzen Sie die Vorschläge als Basis für Ihre eigene Einrichtungsplanung.

Es ist zwar wichtig, dass Ihnen Ihre Einrichtung gefällt. Genau so wichtig aber ist es, dass sie alltagstauglich ist und zur Umgebung passt – und zu den Größenverhältnissen Ihrer Räume. Ein ausladendes modernes Sofa lässt ein kleines Wohnzimmer überfüllt wirken, eine zarte Landhauskommode ist in einer offenen Loftwohnung fehl am Platz. Der Abschnitt Raumgestaltung verrät Ihnen ab Seite 64, wie Sie das Beste aus einem vorhandenen Raum machen können.

Polstermöbel in sanften Blassrosa- bis Perlmutttönen verleihen diesem eleganten Wohnzimmer einen Hauch von Luxus. Die überlangen Leinenstores, die sich auf dem Boden bauschen, sehen üppig und glamourös aus.

In diesem Schlafzimmer lassen sich traditionelle, klassische und exotische Stilelemente entdecken. Farben und Materialien sind jedoch so aufeinander abgestimmt, dass sie eine gelungene Kombination bilden.

WÄHLEN SIE IHREN STIL

Machen Sie sich bewusst, was Ihnen gefällt und was nicht, dann finden Sie am schnellsten heraus, welcher Stil zu Ihnen passt. Hier sind ein paar Fragen, die Ihnen dabei helfen.

Mögen Sie es lieber formal oder locker?

☐ Formale Räume sind symmetrisch und streng eingerichtet, die Möbel sind in der Regel aus einem Guss. (Versuchen Sie es mit dem Klassischen Stil)

☐ Das Gegenteil wäre eine eher zwanglose Einrichtung, die Möbel sind locker aufeinander abgestimmt, der Raum ist gemütlich. (Traditioneller Stil)

Sind Sie Traditionalist oder denken Sie gern an morgen? Mögen Sie:

☐ Antiquitäten? (Versuchen Sie es traditionell)

☐ Die neuesten Trends? (Dann passt modern zu Ihnen)

☐ Einen Stil, der die Zeit überdauert? (Das geht am besten mit dem klassischen Stil)

Wie sollen Ihre Räumen wirken?

☐ Einfach und unaufdringlich. (Klassisch oder modern)

☐ Gemütlich. (Traditionell)

☐ Schlicht und aufgeräumt. (Klassisch oder modern)

Welche Möbel sprechen Sie am ehesten an?

☐ Elegante Stücke aus erstklassigen Materialien. (Wählen Sie klassisch oder modern)

☐ Antiquitäten oder Erbstücke, die seit Generationen weitergegeben werden. (Traditionell)

☐ Zeitlos klassisches Design. (Klassisch oder modern)

Aber denken Sie daran: Es gibt hier keine richtigen oder falschen Antworten. Seien Sie einfach ehrlich zu sich selbst, und wählen Sie den Stil, mit dem Sie sich am wohlsten fühlen.

TRADITIONELLER STIL

Der traditionelle Stil ist warm, gemütlich und ohne große Überraschungen. Wichtig ist, dass es aussieht, als hätte er sich über viele Jahre oder Generationen entwickelt, achten Sie bei Ihrer Auswahl also auf zeitlose Stücke und zurückhaltende Farben.

Stil und Farben

Sie können eine bestimmte Epoche als Motto wählen oder sich an der Errichtungszeit Ihres Hauses orientieren, wenn Sie in einem Altbau wohnen. Man kann sich aber auch in einem Neubau problemlos traditionell einrichten, indem man gezielt zeitlose, traditionelle Möbelstücke, Accessoires und Dekoelemente mit dezent verwittertem Charme auswählt. Ideal sind Lieblingsstücke mit Trödelcharakter. Auf keinen Fall Dinge nehmen, die zu neu aussehen.

Wählen Sie natürliche Materialien, die im Laufe der Zeit Persönlichkeit gewinnen. Holz schimmert, wenn es poliert wird, Stein entwickelt eine ganz eigene Patina, Teppiche und Naturböden, eine Mischung verschiedenster Texturen und Muster für jeden Raum – mit diesen Materialien lässt sich ein Stil schaffen, der aussieht, als sei er im Verlauf vieler Jahre entstanden. Für Vorhänge, Kissen, Bettzeug und Polster eignen sich Stoffe wie Chintz, Leinen, bedruckte Baumwollstoffe, Tweed und Wolle.

Wofür Sie sich auch entscheiden, wichtig ist, dass die Stoffe natürlich wirken und weich fallen. Als Möbel eignen sich Antiquitäten oder auch moderne Stücke im Retrolook. Einfache Holzmöbel wie Küchenstühle, Kommoden im Schlafzimmer oder Schränke in Küche und Esszimmer beschwören die passende Atmosphäre. Im Wohnzimmer vervollständigen Sofas und Sessel mit losen Hussen das Bild. Was auf den ersten Blick zufällig wirkt, ist sorgfältig arrangiert. Die Möbel sind so verteilt, dass sie den Raum gleichmäßig ausfüllen, ohne ihn zu überladen.

VARIATIONEN DES TRADITIONELLEN STILS

Der traditionelle Stil lässt sich auf vielfältige Weise interpretieren. Am häufigsten findet man ihn heute skandinavisch geprägt oder als Land- oder Strandhausstil. Auf den folgenden Seiten finden Sie Anregungen für diese Looks, die alle einzigartig sind und doch viele Gemeinsamkeiten aufweisen – was die Materialien angeht oder die Atmosphäre, die sie ausstrahlen.

Sie müssen unseren Vorschlägen natürlich nicht sklavisch folgen. Es lassen sich überall auch Elemente aus dem klassischen oder modernen Stil einfügen, die Sie weiter hinten in diesem Abschnitt finden. Wenn Ihnen der Landhausstil gefällt, Sie aber gerne einen Hauch Moderne dabei hätten, schauen Sie unter „Modern Landhaus" auf Seite 30 nach. Die beiden Stile sind sich relativ ähnlich, die moderne Variante ist etwas weniger rustikal. Wenn Sie auf Glanz und Glamour stehen, ergänzen Sie den traditionellen Look mit einen Hauch „Klassisch glamourös" (Seite 22), indem Sie luxuriöse Stoffe verwenden: Satin statt einfacher Baumwollbettwäsche, dazu Seidenkissen auf Sofas oder Sesseln.

Kissen und Überwürfe aus natürlichen, strukturierten Stoffen machen dieses im traditionellen Stil gestaltete Wohnzimmer warm und gemütlich. Spiegel und Glasdeko lassen das Sonnenlicht durch den Raum tanzen.

Vorhänge mit Blumenmuster, unifarbene Wände und Accessoires in pastellfarbenen Salbei- und zarten Rosatönen unterstreichen den traditionellen Landhausstil in diesem Raum. Der hübsch geblümte Betthimmel verleiht zusätzlich einen Hauch Romantik.

Gestaltungselemente

Materialien: Holz, Stein, Fliesen, Wollteppich, naturbelassene Bodenbeläge.

Möbel: Antiquitäten, Holzmöbel, üppige Sofas und Sessel mit Hussen.

Stoffe: Chintz, Leinen, Baumwolle, Druckmuster, Tweed, Wolle.

Muster: Blumen, Streifen, Karos.

Einflüsse und Schlüsselbegriffe: antik, unbehandelt, verwittert, zeitlos, Lieblingsstück, Erbstück.

TRADITIONELL LANDHAUS

Beim Landhaus- oder Countrystil steht vor allem das Wohlfühlen im Vordergrund. Pate für diesen Stil steht das romantisierte Landleben früherer Zeiten, und so sind auch hier die Materialien so natürlich wie möglich – Stein, Wolle, Holz, Baumwolle und Leinen.

Wählen Sie für diesen Stil Wandfarben, Tapeten und Stoffe in weichen, hellen Farben, die an traditionelle Farbtöne angelehnt sind, sich aber auch gut in moderne Räume einfügen. Töne, die an ländliche Szenerien erinnern, beschwören die richtige Stimmung herauf, ganz gleich wie alt Ihr Haus ist. Hellblau ist die Farbe des Sommerhimmels auf dem Land. Weiche Gelb-, Apfel- und Salbeitöne sind angenehme Wohnfarben, sie wirken wohltuend und beruhigend. Am besten setzen Sie sie als Hintergrundfarben ein, zum Beispiel für die Wände – grellbunte Hinguckertapeten sind hier fehl am Platz. Vermeiden Sie auch Hochglanzoberflächen. Zu diesem Stil passt eher gewachstes als lackiertes Holz oder Laminat, gekalkt eher als satinglänzend.

Die Möbel spielen eine wichtige Rolle. Sie können echtes altes Landhausmobiliar nehmen oder neues, das auf alt getrimmt ist – achten Sie aber darauf, dass die Stücke nicht protzig oder wuchtig sind. Man darf den Möbeln ansehen, dass sie täglich gebraucht werden. Mit dem täglichen Gebrauch werden sie unersetzlich, altern in Würde und wachsen allen Bewohnern ans Herz. Um Gleichförmigkeit und Strenge zu vermeiden, achten Sie bei der Wahl Ihrer Möbel auf eine gute Mischung aus alten und neuen Stücken.

Gestaltungselemente

Farben: frische, zarte Partelltöne wie Apfelgrün, Blassrosa, Himmelblau, Schlüsselblumengelb.
Stoffe: für Fenster und Betthimmel Blumendrucke, Baumwollstoffe; übrige Textilien geblümter Chintz, uni Baumwolle, Leinen oder Wolle.
Boden: Holz oder Fliesen, dazu Wollteppiche wegen ihrer Weichheit und der besonderen Textur.
Möbel: bequeme Polstermöbel, Holzmöbel, schlicht, unifarben, unbehandelt, weiß oder cremeweiß lackiert, oder Schmiedeeisen.

Blick fürs Detail
Himmelbettromantik leicht gemacht: Befestigen Sie einen Metallring an der Wand über dem Bett und daran ein Paar fertig gekaufte Vorhangschals, die rechts und links über das Betthaupt hängen.

Ein solider Holztisch und Stühle – mehr braucht man nicht für ein Esszimmer im traditionellen Landhausstil. Hier vervollständigen ein Bollerofen und eine Kaminumrandung aus Holz den Charakter des Raumes.

WORAUF ES ANKOMMT

Die beruhigenden apfelgrünen Wände bilden den Hintergrund für ein Schlafzimmer im traditionellen Landhausstil.

Schlichte, weiße Vorhanghalter – ein traditionelles und praktisches Detail.

Lackierte Holzmöbel sind charakteristisch für Schlafzimmer im Landhausstil.

Das Bettgestell aus Schmiedeeisen, in Cremeweiß lackiert, passt perfekt zum Landhausstil.

TRADITIONELL SKANDINAVISCH

Mit seinen frischen, klaren Farben ist der Stil der Nordländer heute besonders beliebt. Die Räume wirken leicht und luftig, die Möbel sind ebenso ansprechend wie nützlich und bequem – dieser Stil passt in jedes Haus, zu jeder Generation.

Weiß wurde in Skandinavien traditionell gern verwendet, um das spärliche Sonnenlicht möglichst effizient auszunutzen. Ansonsten ist die Auswahl der Farben eher beschränkt, was die Entscheidung leichter macht: Grundfarbe ist immer Weiß, dazu gesellen sich Tupfer aus kühlem Blau, warmem Kirschrot oder sattem Waldgrün. Wem reines Weiß zu hart ist, der kann auch wärmere Töne wie Creme oder Elfenbein nehmen.

Die Böden sind ebenfalls hell gehalten, um das Licht zu reflektieren. Wenn Sie Teppiche legen wollen, wählen Sie weiße oder cremefarbene Wollteppiche, in Küchen oder Esszimmer gehört helles Holz wie Birke oder Buche.

Besonders authentisch wirkt der skandinavische Stil mit schwedischen Antiquitäten, Erinnerungen an das achtzehnte Jahrhundert: Auf dem Markt werden sowohl Originale als auch Replikate angeboten. Die passende Atmosphäre schaffen aber ebenso gut moderne, weiß lackierte Möbel. Die Textilien sind dezent elegant: Leinen und Baumwolle mit schlichten, traditionellen

Mustern wie Karo oder Gingan sind ideal. In Creme-Rot oder Blau-Weiß setzen sie Akzente in dem sonst neutral gehaltenen Raum.

Gestaltungselemente

Farben: Die Grundfarbe ist immer Weiß, dazu Dunkel- oder Hellblau, Tannengrün und warme Rottöne.

Stoffe: Leinen und Baumwolle, kariert, unifarben oder mit zarten Streublümchen.

Boden: Wollteppiche in Creme oder Offwhite (gebrochenes Weiß), helles Holz wie Birke oder Buche.

Möbel: Geschnitzte Antiquitäten aus dem achtzehnten Jahrhundert oder deren Replikate, schlichte Holzmöbel, weiß lackiert. Sofas und Sessel mit uni oder karierten Bezügen.

Dieses skandinavisch inspirierte Esszimmer ist mit lackierten Holzmöbeln bestückt. Akzente in Zartblau, das zu den traditionellen skandinavischen Farben gehört, verleihen dem in elegantem Elfenbein und Gold gehaltenen Raum dezent Farbe. Schimmerndes Glas – auf dem Tisch und am Lüster – sorgt für Glanz und Wärme.

WORAUF ES ANKOMMT

Die traditionelle skandinavische Gestaltung verleiht diesem Wohnzimmer eine wohltuende und entspannende Atmosphäre.

Der weiße Porzellanteller mit zartblauem Muster an der Wand unterstreicht den traditionellen Charakter des Raumes.

Weiß lackierte Möbel sind unverzichtbar bei diesem Stil.

Die traditionellen Sofas haben elegant gedrechselte Beine. Blau-weiße, unterschiedlich gemusterte Kissen sorgen für Abwechslung.

Die Blumentapete in Zartblau setzt eine Wand durch Farbe und Muster in Szene.

TRADITIONELL STRANDHAUS

Ein Leben wie am Meer, das verspricht dieser Stil. Kühles Blau in Kombination mit alten Möbeln und Holzböden schafft ein Klima zum Wohlfühlen, und der legere Look verleiht dem Zuhause ein gewisses Urlaubsflair, selbst wenn der nächste Strand weit weg ist.

Der Strandhausstil ist der perfekte Stil für Menschen, die es gerne heimelig haben, mit Möbeln, die durch viele Hände gegangen sind. Er ist frisch, leicht und unkompliziert, bescheiden und unprätentiös. Die Räume wirken einladend und entspannend und wecken Urlaubserinnerungen.

Der Look ist ebenso reduziert wie praktisch: Die Holzdielen auf dem Boden sind ein schöner Bodenbelag und zudem leicht zu reinigen. Die weißen, überlangen Vorhänge aus natürlichen Stoffen wie Baumwolle und Leinen bilden einen wunderschönen Rahmen für jedes Fenster und lassen rund ums Jahr die Sonne hereinfluten.

Akzentfarben können sowohl klar und kräftig als auch gedämpft sein, je nachdem welche Atmosphäre Sie schaffen möchten. Weiß ist aber immer die Grundfarbe. Weiß, Hellblau und Tupfer von Scharlachrot beschwören Bilder von traditionellen griechischen Fischerdörfern herauf. Weiche atmosphärische Grautöne, warmes Creme und helles Beige aus der trendigen neutralen Farbpalette eignen sich für eine moderne Interpretation des Stils.

Gestaltungselemente

Farben: inspiriert von Landschaft und Meer – dunkle und helle Blautöne, gedämpftes Grün, Weiß und neutrales Beige, leuchtendes Blau oder Rot für lebhafte Akzente.
Stoffe: ungebleichte Baumwoll- oder Leinenstoffe, gestreifter Drillich.
Boden: weniger ist mehr – am besten sehen Holzböden aus, naturbelassen oder weiß lackiert.
Möbel: Holzmöbel, gestrichen und/oder naturbelassen, miteinander kombiniert; Sofahussen aus Baumwolle oder Leinen in Weiß oder blassen Farbtönen.

Blick fürs Detail

Weiße Sofahussen passen ideal zum Strandhauscharakter, sind aber nicht besonders praktisch. Wählen Sie ein Sofa mit waschbarem Bezug, oder kaufen Sie Ersatzhussen, damit Ihnen Ihre Sitzmöbel möglichst lange Freude bereiten.

Die Wände in diesem Wohnzimmer sind in zartem Hellblau gestrichen, als Vorhänge wurde ein transparentes unifarbenes Gewebe gewählt. Das Sofa mit abnehmbaren Hussen unterstreicht die locker-legere Wirkung des Stils und lässt sich leicht reinigen.

WORAUF ES ANKOMMT

Gedämpfte Farben, Holzboden und lackierte Holzmöbel holen luftiges Küstenflair in diesen Raum.

Schlichte Schiffslampen sorgen für maritime Stimmung.

Eine Anrichte ist ein traditionelles Möbelstück und ideal für diesen Stil. Praktisch ist es obendrein, denn es bietet Platz für sämtliche Tischutensilien.

Streifenkissen in Weiß, Hellblau und Sand peppen die schlichten Stühle auf.

KLASSISCHER STIL

Klassische Stile sind harmonisch, elegant und auf Dauer angelegt. Klassisch eingerichtete Räume spiegeln die Ordnungsliebe ihrer Bewohner wider, und sie verraten auf den ersten Blick, dass das Interieur sehr sorgfältig geplant wurde.

Symmetrie ist einer der Schlüsselbegriffe des klassischen Stils. Symmetrisch angeordnete Möbel wirken formal und unaufdringlich – denken Sie an zwei Sofas, die sich vor einem Kamin gegenüberstehen, einen Esstisch mit passenden Stühlen oder zwei Terrakottapflanztöpfe, die eine Eingangstür flankieren. Die paarweise Anordnung gleicher Dinge verleiht auch den schlichtesten Wohnszenarien eine ganz besondere Aura von Ruhe und Ordnung. Und sie ist auch für Ungeübte leicht umzusetzen.

DEN STIL SCHAFFEN

Wie beim traditionellen Stil spielt hier die Wahl der Materialien eine große Rolle für die Wirkung eines Raumes. Möbel und Textilien sollten hochwertig und sorgfältig ausgewählt sein, sodass sie gut miteinander und mit den Proportionen des Raumes harmonieren. Glas ist immer gut: Muranoglas oder Möbel und

Accessoires mit Spiegeln, und Ihr Raum erstrahlt in luxuriösem Glanz. Hochwertige Harthölzer verstärken den Eindruck teurer Eleganz, am besten wählen Sie Böden aus exotischem Hartholz oder antike Walnuss- oder Mahagoniemöbel. Vermeiden Sie alles, was unbearbeitet und provisorisch aussieht – in der Klassik zählen Qualität und Eleganz.

Klassischer Stil ist zeitlos, die Möbel sollten also schlicht und unprätentiös sein und sich keiner Mode unterwerfen. Ob antik oder modern, achten Sie auf geradlinige, schnörkellose Stücke, die auch in vielen Jahren noch gut aussehen werden. Statt Hussensofas passen hier Polstermöbel mit straffen Bezügen. Für einen moderneren Look wählen Sie Designklassiker aus dem zwanzigsten und einundzwanzigsten Jahrhundert, die Sie mit Sicherheit nie wieder hergeben wollen.

Changierende Tapeten verleihen diesem Schlafzimmer schimmernden Glanz, ebenso wie die Bettwäsche, in die ein zarter Metallfaden eingewebt ist. Zusätzliche Decken und Kissen verbreiten einen Hauch von Hotelluxus.

VARIATIONEN DER KLASSIK

Die folgenden Seiten stellen drei Spielarten des klassischen Stils vor: klassisch glamourös, klassisch modern und klassisch gemütlich. Jede Variante hat ihre besonderen Merkmale, gemeinsam ist ihnen allen Eleganz, Symmetrie und Qualität.

Um einen persönlichen Stil zu schaffen, können Sie die Palette beliebig erweitern, indem Sie etwa traditionelle oder moderne Elemente integrieren. Der klassisch gemütliche Stil hat viel gemeinsam mit dem traditionellen Landhausstil; die klassische Variante ist aber strenger und weniger rustikal. Spielen Sie mit den Stilen, indem Sie durch Hinzufügen oder Entfernen charakteristischer Elemente den gewünschten Look erreichen: rustikaleres Flair entsteht durch Möbel mit gealterten Oberflächen; wer es klassischer mag, wählt weiche cremefarbene Teppiche, flauschige Brücken und hochwertige Polstermöbel.

Wie auch immer Sie sich entscheiden – wählen Sie Designelemente aus, die Ihnen gefallen und die zueinander passen.

Wenn Sie es klassisch modern mögen, ist vielleicht die klassische Paarung von Schwarz und Weiß das Richtige für Sie. Nehmen Sie Weiß als Hauptfarbe, und setzen Sie wirkungsvolle Akzente mit Schwarz.

Gestaltungselemente

Materialien: Glas, Spiegel, Harthölzer, Materialien von hoher Qualität, Kristall, Teppiche.
Möbel: Art déco, Designklassiker, wertvolle Antiquitäten, Sofas mit straffen Polstern.
Stoffe: Seide, Samt, Leinen, luxuriöse Stoffe.
Muster: Florale Ornamente, breite Streifen.
Einflüsse und Schlüsselbegriffe: Symmetrie, Strenge, einfarbig, klare Farben, klare Linien, kein Durcheinander, schöne Optik, gut gearbeitet, elegant.

KLASSISCH GLAMOURÖS

Luxuriöse Materialien verleihen Räumen einen Hauch von Eleganz und Opulenz. Sie sehen nicht nur wunderschön aus, sondern fühlen sich auch besonders gut an, sie sprechen unsere Sinne an, wirken aber ebenso beruhigend wie erhebend.

In einem glamourösen Ambiente müssen alle Materialien luxuriös sein, optisch, aber auch haptisch. Wählen Sie Vorhänge aus schimmernden Stoffen wie Seide und Satin, Teppiche sollten dick und flauschig sein. Gedämpfte Farben wie weiche, neutrale Rosatöne, dunkles Beige, blasses Ocker und Creme wirken ruhig und doch glamourös. Eine besonders elegante Wirkung erzielt eine Kombination aus Eisblau mit Weiß und Sprenkeln schimmernden Silbers.

Accessoires kommen in diesem Stil voll zur Geltung, und sie verhelfen auch Räumen zu einem Hauch Glamour, die mit kleinem Budget eingerichtet wurden. Die einfachsten Betten und Sofas verwandeln sich in Luxusmöbel, wenn sie mit Überwürfen und Kissen aus schillernder Seide, Samt oder Plüsch kombiniert werden. Üppig gerahmte Spiegel, Accessoires mit Glas wie Lampen oder Bilderrahmen verbreiten Glamour und bringen den Raum zum Erstrahlen.

Gestaltungselemente

Farben: kalt, gedämpft und pastell, etwa Rosa oder Eisblau, mit goldenen oder silbernen Sprenkeln.
Stoffe: Schimmernd und luxuriös, Samt und Seide vor allem, aber auch weicher Plüsch.
Boden: Teppich, vor allem hochflorig in Cremetönen, oder dunkles Holz.
Möbel: Mix aus klassischen Polstermöbeln, Glas und orientalischen Elementen.

Blick fürs Detail

Der glamouröse Stil verträgt kein Durcheinander, sorgen Sie also dafür, dass Sie genügend Stauraum für die Dinge des Alltags haben. Statt eine teure Kommode oder Truhe zu kaufen, stellen Sie einfach ein paar Körbe mit Deckel ans Bettende, in denen Sie Schuhe oder Decken unterbringen können.

Die dekorative Tapete bildet einen ornamentalen Hintergrund für dieses klassische Wohnzimmer. Ihr eisblau-cremefarbenes Muster wirkt ebenso glamourös wie dezent. Die formale Gestaltung und die eleganten Textilien – ein echter Hingucker.

WORAUF ES ANKOMMT

Die elegante Farbgebung in diesem einladenden Raum beweist, dass Glamour nicht schrill sein muss.

Auch hier wieder die Symmetrie, die für den klassischen Stil unverzichtbar ist.

Die Deko macht den Unterschied: Ein Strauß Gartenblumen wäre ebenfalls hübsch, aber diese Orchideen verbreiten genau den richtigen Hauch Eleganz.

Ein großer Überwurf aus Pelzimitat – Glamour zum Anfassen.

KLASSISCH MODERN

Diese Mischung aus traditionellen und modernen Elementen bietet einen Look, der sehr zeit-gemäß ist und trotzdem nie aus der Mode kommt. Moderne Stücke, integriert in die klassi-sche Gestaltung, schaffen einen einladenden, entspannenden Raum.

Bei diesem Stil ist alles zu vermeiden, was zu stylish ist – was aus der Mode kommen kann, kann nicht klassisch sein. Wählen Sie stattdessen schlichte, ele-gante Möbel oder aber moderne Designerstücke, die bereits viel Anerkennung gefunden haben. Sofas und Sessel sollten straffe Bezüge haben, damit ihre klaren Linien zur Geltung kommen. Wenn Sie die Möbel traditionell oder symmetrisch arrangieren, wird der Raum zeitlos wirken, auch wenn die Möbel modern sind. Achten Sie darauf, dass genug Platz bleibt, verzichten Sie auf alle unnützen Dinge.

Farben und Muster sollten dezent und elegant sein, nur so bleiben sie zeitlos. Wenn Sie geometrische Muster mögen, wählen Sie moderne Varianten mit einfachen Quadraten, Streifen, Kreisen oder Karos auf luxuriösen Stoffen, die sich gut anfühlen, wie Chenille oder Samt. Beschränken Sie sich auf eine elegante, aber einfache Farbpalette – Schwarz und Weiß sind immer eine gute Wahl, weicher wirkt eine Mischung gedämpfter, moderner Schattierungen von Beige, Rosa und Taupe, einem dunken Beige. Setzen Sie Accessoires ein, um dem Raum eine modernere Note zu geben: hellgelbe Kissen auf der Couch zum Beispiel.

Gestaltungselemente

Farben: klassische Farbkombinationen wie Schwarz und Weiß oder dezente neutrale Töne wie warmes Rosa, Creme oder gebrochenes Weiß (Offwhite).
Stoffe: hochwertige Leinenstoffe, Baumwolle und Leder.
Boden: Teppiche in Creme oder Offwhite.
Möbel: schlichte Formen mit modernem Touch, aber nichts, was zu auffällig oder stylish ist.

Blick fürs Detail
Statt neue Sessel zu kaufen, prüfen Sie, ob Sie Ihren alten nicht ein neues Gewand verpassen können. Alte Möbel aufzupolstern und neu zu beziehen ist ein cleverer Designertrick, der das Leben von alten Stücken erheblich verlängert.

Die symmetrische Anordnung des Raumes, das Design der Sofas und des Sessels und die Konsolentische mit den paarweise aufgestellten Steh-lampen – all das ist klassisch. Der auffällige Streifenbezug des Sessels und das belebende Limonengrün sorgen für modernen Pfiff.

WORAUF ES ANKOMMT

Ein Mix verschiedener Möbel und gedämpfte Farben sorgen in diesem Raum für klassische Atmosphäre mit modernem Touch.

Die verspiegelte Konsole ist die moderne Variante eines klassischen Möbelstücks.

Der cremefarbene Lederhocker ist schick und modern.

Die cremefarbene Couch bildet das optische Zentrum des Raumes.

Seidene Kissen bringen einen Hauch von Luxus.

KLASSISCH GEMÜTLICH

Wenn Sie den gemütlichen Landhausstil lieben, mit viel Holz und traditionellen Polsterungen, gleichzeitig aber hochwertige und wertvoll aussehende und lieber neue als alte Stücke bevorzugen, könnte dieser Stil vielleicht etwas für Sie sein.

Der klassisch gemütliche Stil hat seine Ursprünge im traditionellen Landhausstil (Seite 14), allerdings hat er nichts Rustikales an sich. Die Möbel sind aus hochwertigem Holz gefertigt, die Polstermöbel voluminös und einladend.

Damit es nicht zu ländlich wirkt, sollten Sie zu lebhafte Muster auf Tapeten und Textilien vermeiden. Wählen Sie stattdessen einen Mix aus Unistoffen und großflächigeren Mustern, die Akzente setzen, den Raum aber nicht unruhig wirken lassen. Entscheiden Sie sich für kräftige Farben und traditionelle ländliche Töne wie Himmelblau, Altrosa und weiches Gelb. Die

Schattierung der Farbe ist sehr wichtig: Vermeiden Sie verwaschene Töne, sonst wirkt der Raum fade und leblos statt zeitlos und entspannend.

Bei den Möbeln sollten Sie auf solides Holz zurückgreifen, das möglichst unlackiert ist und keine Schnitzereien oder Verzierungen hat. Sofas und Sessel sollten zum Verweilen einladen, auf ein Schwätzchen mit Freunden oder eine ruhige Lesestunde: uniweiße oder cremefarbene Hussen aus Leinen oder Baumwolle, aber auch straffe Bezüge sind möglich; sie wirken gleichzeitig gemütlich und schick. Für Bequemlichkeit und farblichen Pepp sorgen Kissen.

Gestaltungselemente

Farben: traditionelle ländliche Farben wie Himmelblau, Altrosa und weiches Gelb.
Stoffe: unifarbene Polstermöbel, mittelgroße Blumenmuster (keine ländlichen Streublümchen).
Boden: Wollteppiche, hochflorig oder mit Reliefoberfläche, in neutralen Farben, uni.
Möbel: hochwertige, massive Holz- und Polstermöbel, schlicht, wenig Verzierungen.

Ein klassischer Lehnsessel bringt Gemütlichkeit ins Schlafzimmer. Vorhänge und Accessoires in kräftigem Rosa verstärken den ländlichen Charakter des Raumes, doch der Teppich ist weich und luxuriös, ein eher klassisches Element.

WORAUF ES ANKOMMT

Die Kombination aus Gelb und Weiß ist klassisch. Sie wirkt frisch und einladend, ohne zu ländlich zu sein.

Sofa und Sessel sind von traditioneller Machart, aber die kühl-glatten, weißen Bezüge sind alles andere als rustikal.

Der gelb-weiße Druck auf den Vorhängen bringt ausreichend Farbe und Muster in den Raum.

Die grüne Decke sieht heimelig aus und setzt einen farblichen Akzent in der zurückhaltenden Szene.

MODERNER STIL

Sich modern einzurichten heißt, die besten Elemente der zurzeit angesagten Stile miteinander zu kombinieren. Immer wieder neue Interpretationen altbekannter Einrichtungsmuster sorgen dafür, dass ständig neue Wohnträume entstehen.

Wer sein Heim im modernen Stil einrichten will, muss keineswegs für teures Geld das Neueste vom Neuesten erwerben. Es geht viel mehr darum, Räume zu schaffen, die alltagstauglich sind, und zu diesem Zweck aus traditionellen oder klassischen Elementen das Beste auszuwählen. Sorgfältig ausgewählte Möbel spielen eine wichtige Rolle, Dekoration und Kunstgegenstände sollten schlicht, aber wirkungsvoll sein. Klar strukturierte Aufbewahrungslösungen sorgen dafür, dass die Räume aufgeräumt und ansprechend wirken.

Neben natürlichen Materialien dürfen hier auch künstliche eingesetzt werden, üppige weiche Lederpolster ebenso wie gläserne Wohnzimmertische und -regale, schimmernde PVC- oder farbenfrohe Linoleum- oder Gummiböden in Küche und Badezimmer. Deko spielt eine große Rolle, ob in Form einer auffällig tapezierten Wand oder als Regale für Vasen und andere Accessoires.

Klare Farben, leuchtende, frische Töne wie Scharlachrot, Himmelblau oder Dottergelb verleihen Ihrem Raum ein modernes Ambiente. Wenn Sie nicht wissen, wo Sie beginnen sollen – weiße Wände sind ein guter Anfang. Setzen Sie die Akzente mit Polstermöbeln oder Bettbezügen in kräftigen Farben.

VARIATIONEN DES MODERNEN STILS

Hier werden die drei heute beliebtesten Varianten des modernen Stils vorgestellt: Landhaus modern, Ethno modern und moderner maritimer Stil. Suchen Sie sich von jedem das heraus, was Ihnen am besten gefällt, und fügen Sie ein paar klassische und traditionelle Elemente hinzu.

Wenn Sie Ethnomöbel oder -muster mögen, sich aber nicht gleich auf Ethno modern festlegen wollen, können Sie ein paar ausgewählte exotisch anmutende Accessoires einsetzen: Ein paar Kissen auf einer Couch in einem klassisch eingerichteten Wohnzimmer genügen schon für einen belebenden Stilmix. Wenn Ihnen die Erdfarben des modernen Ethnostils gefallen, Sie aber mit den Dekostücken nichts anfangen können, kombinieren Sie die satten Farben mit den schlichten Möbeln des modernen Landhausstils, und Sie erhalten einen ansprechenden Raum, der warm und einladend wirkt. Der moderne maritime Stil ist eine Abwandlung des traditionellen Strandhausstils. Auch er ist vom Meer inspiriert, aber es wird weniger deutlich darauf Bezug genommen, die Möbel haben klare, scharfe Linien. Versuchen Sie, eine Mischung aus beiden zu kreieren; auch ein Hauch von Glamour lässt sich hier integrieren, mit ein paar wenigen Details wie flauschigen Teppichen und weichen Woll- oder Plüschdecken auf Betten oder Sofas.

Ein modernes Sofa mit leuchtend roten Bezügen bildet den optischen Mittelpunkt in diesem Wohnzimmer. In Kombination mit dem dunklen Bambusholztisch und zartem Porzellan entsteht ein fernöstlich anmutendes Ambiente.

Gestaltungselemente

Materialien: Metall, Glas, Holz, Leder, Laminat, hochwertiges PVC oder Linoleum.

Möbel: schlichte Formen, moderne Stücke, Sammlerstücke.

Stoffe: hochwertige Baumwolle, farbenfrohes Vlies, feine Wolle.

Muster: deutliche Farbakzente, geometrisch, großformatig.

Einflüsse und Schlüsselbegriffe: einfach, modisch, dezent, geradlinig, luftig, individuell.

OBEN Eichenmöbel und Cremetöne verleihen dem Raum einen ländlich-modernen Charakter.

RECHTS Hier hat das Strandbild über dem Kamin den Ausschlag für die Raumgestaltung gegeben. Einfache Holzmöbel und ein sorgfältig, aber dezent gedeckter Tisch schaffen ein ruhiges Wohlfühlambiente für gesellige Runden.

MODERN LANDHAUS

Der moderne Landhausstil leitet sich aus dem traditionellen Landhausstil ab (Seite 14), wobei Möbel und Textilien schlichter und modischer sind. Er eignet sich besonders gut für moderne Wohnungen, wo sich oft mehrere Bewohner wenig Platz teilen müssen.

Stil und Farben

Die Grundzüge hat diese Variante mit dem traditionellen Landhausstil gemein. Die Einflüsse sind ähnlich, doch der Gesamteindruck ist weniger verspielt und romantisch als beim ländlichen Vorbild. Holzmöbel, traditionelle Muster und gemütliches Ambiente – all das ist vorhanden, aber mit modernem Touch. Statt rustikaler Bodendielen gibt es Parkett oder Laminat, das täuschend echt aussieht, aber viel praktischer ist als echte Holzdielen. Wenn Sie Fliesen bevorzugen, nehmen Sie rutschfeste Keramik- oder versiegelte Terrakottafliesen statt offenporigem Terrakotta.

Für die Wände eignen sich Dispersionsfarben in klaren, leuchtenden Tönen; vermeiden Sie kalkige Farben, die zu traditionell wirken können. Holzmöbel sind ideal, weniger jedoch Antiquitäten. Schauen Sie nach Tischen und Küchenfronten aus hellem Holz. Wenn Sie unbehandeltes Holz wählen, sollte die Oberfläche hin und wieder abgeschliffen werden. Transparenter Lack versiegelt die natürliche Schönheit des Materials.

Lassen Sie mit transparenten Stores oder Rollos die Sonne herein. Vermeiden Sie dunkle, schwere Vorhänge, die zu traditionell aussehen würden. Weiße oder cremefarbene Stoffe, entweder uni oder mit einen dezenten, modernen Muster sind die beste Wahl.

Gestaltungselemente

Farben: frische, leuchtende Pastelltöne oder warmes Creme für Wände und Vorhänge.
Stoffe: uni oder kleingemustert. Nicht zu viele Muster kombinieren, sonst wirkt der Raum zu traditionell.
Boden: Laminat statt traditioneller Dielen, Tuftingteppiche.
Möbel: schlichte, moderne Holzmöbel, entweder gebeizt oder lackiert, damit die Faser sichtbar bleibt.

Genial einfach

Eine Tischdecke aus Wachscotton oder PVC schont die Platte Ihres Familienessplatzes. Das Material ist als Meterware erhältlich und bringt im Handumdrehen neuen Schwung in Küche oder Esszimmer.

Die Patchworkdecke ist der Blickfang in diesem Schlafzimmer. Dank der unifarbenen Wände und Vorhänge und der einfachen Holzmöbel behält der Raum seinen klaren, modernen Look.

WORAUF ES ANKOMMT

Diese Wohnküche zitiert den Landhausstil, trotz moderner Farben und Möbel ist die Ausstrahlung des Raumes durchaus traditionell.

Farbenfrohe gemusterte Kissen und eine praktische Wachsdecke verleihen dem modernen Tisch und den Essstühlen ländliches Flair.

Der praktische Laminatboden ist eine moderne Alternative zu rustikalen Holzdielen.

Die weiß gestrichene Vitrine und die darunter stehende Kommode sind eine moderne Variante der traditionellen Anrichte.

MODERN ETHNO

Der moderne Ethnostil geht aus dem ursprünglichen Ethnostil hervor, in dem jeder Raum ein bestimmtes Thema zeigt. Die moderne Variante schafft Räume, die zur Entspannung einladen und nur durch gezielte Akzente einen Hauch Exotik erhalten.

Wichtig bei diesem Stil ist vor allem das Gleichgewicht zwischen exotischen und modernen Elementen. Außerdem sollten Sie sich auf ein bestimmtes Land oder eine Region beschränken, damit es nachher nicht zu wild aussieht. Ein guter Ausgangspunkt ist zum Beispiel ein aussagekräftiges Möbelstück, ein großer verzierter Schrank oder ein imposantes Himmelbett. Mit kleineren Möbeln können Sie einen optischen Ausgleich schaffen, damit das Ganze nicht überladen wirkt. Anschließend werden einige ausgewählte Gegenstände aus der Region und dekorative Details hinzugefügt, etwa Kissen, Wandbehänge, Teppiche, Decken, aber auch Verzierungen, Skulpturen, Bilder und Gemälde. Wenn Sie

gerne Souvenirs sammeln, wird sich der Raum im Laufe der Jahre immer verändern und weiterentwickeln.

Die Farben sind erdig und natürlich, ein paar leuchtende Töne dazwischen bringen Leben in die Szene. Das Gegengewicht zu den kräftigen Farben bilden weiße oder neutral gehaltene Wände und Polsterbezüge. Es sind vor allem die übrigen Stoffe, die Farbe und Muster in den Raum bringen. Die typischen, geometrischen Ethnomuster sind meist kräftig und kommen in wunderbar erdigen, warmen Farben daher – genau das Richtige für Vorhänge, Kissenbezüge und Decken. Auf dem dezenten Boden können Teppiche farbige Akzente setzen.

Gestaltungselemente

Farben: erdig, natürlich, mit warmen, freundlichen Akzenten.

Stoffe: naive Muster, Tiermotive, Tierfellmuster, handgewoben.

Boden: naturbelassene Beläge, dunkel gebeiztes Holz, darauf Brücken in passenden Akzentfarben oder Reliefteppiche.

Möbel: dunkles Hartholz, auch gebeiztes Holz, das exotischen Hölzern wie Teak ähnelt. Darf geschnitzt sein und nach Handarbeit aussehen.

Insiderinfo

Wenn Ihr Möbelstück importiert wurde, prüfen Sie, ob es ein Erzeugnis aus FSC-zertifiziertem oder aus recyceltem Holz ist.

Dieser häusliche Arbeitsplatz zeigt den ganzen Charme des modernen Ethnolooks. Dekorationen in Taupe- und Schokotönen sind spärlich eingesetzt, damit der Schreibtisch im Kolonialstil voll zur Geltung kommt.

WORAUF ES ANKOMMT

Diese Kombination aus modernem Stil und ethnischen Elementen ist eine gelungene Interpretation des Ethnostils.

Die modernen Regalwürfel präsentieren eine hübsche Souvenirsammlung.

Kissen peppen die uni cremefarbene Couch mit Farben und Mustern auf.

Die cremefarbenen Vorhänge mit der braunen Bordüre wirken dezent und klar und fügen sich perfekt in das Farbschema des Raumes ein.

MODERN MARITIM

Inspiriert von Strand und Meer ist dieser freundliche, helle Stil, der mit den natürlichen Materialien und luftigen Farbtönen der Küstenregionen spielt. Die Räume wirken frisch und modern, ganz gleich wie alt das Haus ist, in dem sie sich befinden.

Die Farben des modernen maritimen Stils ähneln denen des traditionellen Strandhausstils (Seite 18). Während der traditionelle Look aber eher rustikal wirkt, brauchen Sie für die moderne Variante deutliche Farbakzente und Möbel mit klaren Linien. Für den Hintergrund eignen sich frisches Hellblau, sandige Neutralfarben oder grünliches Cyanblau. Lebhafte Akzente bringen leuchtende Töne wie Scharlach und Türkis. Die Fenstervorhänge sollten leicht und luftig sein, verwenden Sie keine schweren Stoffe. Am besten wirken bodenlange helle Baumwoll- oder Leinenschals, die sich im Wind bewegen und die Sonne hereinlassen. Einfache weiße Rollos oder Raffrollos passen ebenfalls gut zu diesem Look. Die Muster sollten nicht altmodisch sein, wählen Sie geometrische Figuren und moderne Drucke statt traditioneller Motive wie Blumen.

Für den Boden nehmen Sie sandfarbene natürliche Teppiche in moderner Webart, unifarbene Wollbrücken in Offwhite, glattes Holz oder Laminat beziehungsweise PVC in Holzoptik, je nach Nutzung des Raumes, den Sie gestalten. Möbel in schlichten, kubischen Formen sind ideal, Sofas mit straffen Bezügen wirken moderner als solche mit losen Hussen. Korbsessel oder Tische fügen sich ebenso natürlich in diesen entspannten, lockeren Look ein. Moderne Kunst mit Bezug zum Wasser unterstreicht den Stil; lassen Sie sich von solchen Kunstdrucken für die Farbgebung Ihres Raumes inspirieren.

Gestaltungselemente

Farben: helle Blautöne und sandige Neutralfarben, gepaart mit leuchtenden Farben wie Rot und Türkis.

Stoffe: Baumwolle, uni oder bedruckt.

Boden: Laminat, Teppich, Holz.

Möbel: Sofa mit straffem Bezug, Korbmöbel, moderne Stücke.

Die kühle und ruhige Farbpalette beschwört den Strand und das Meer, die scharlachroten Tupfer verbreiten Dynamik und gute Laune. Die bedruckten Baumwollvorhänge lassen das Sonnenlicht herein.

WORAUF ES ANKOMMT

Dieses moderne Wohnzimmer ist voller maritimer Zitate, ohne kitschig zu wirken.

Ein Meeresmotiv unterstreicht den maritimen Stil.

Die Korbchaiselongue und ihr dickes, mit Segeltuch bezogenes Sitzpolster wecken sommerliche Gefühle.

Das kräftige Cyanblau der Wände spiegelt sich im Muster der Kissen, um die Farbpalette begrenzt zu halten.

FARBEN UND MUSTER

Räume mit Farben und Mustern auszustatten macht Spaß und ist der beste Ausgangspunkt für die individuelle Gestaltung. Sie bringen damit klar zum Ausdruck: Das ist mein Heim, genau so will ich es haben.

Jeder Gestaltungsentwurf ist eine Mischung aus Farben, Mustern und Texturen. Jedes Material hat alle drei Merkmale, aber meistens interessieren nur eines oder zwei davon. Geblümter Stoff etwa wird wegen der Farben und Muster gewählt, während naturbelassene Holzdielen zwar eine neutrale Farbe besitzen, aber eine strukturierte Oberfläche und ein feines Muster. Um die richtige Wirkung zu erzielen, ist es wichtig, zu verstehen, wie Farben und Muster einen Raum beeinflussen. Die unterschiedlichen Materialien und Texturen werden im Abschnitt „Oberflächen und Möbel" (Seite 104) genauer betrachtet. Die Grundlagen der Gestaltung finden Sie in „Designträume für jedermann" (Seite 168).

OBEN Farben wie Offwhite und Creme lassen Räume luftig und hell erscheinen.

LINKS Blau mit seiner beruhigenden Wirkung ist eine gute Wahl für das Schlafzimmer. Die Farbe wird mit Wasser und Luft assoziiert und sorgt für entspannte Atmosphäre.

STIMMUNG AUSDRÜCKEN

Jede Farbe hat ihre eigene Stimmung. Auch wenn jeder Mensch auf Farben individuell reagiert, gibt es ein paar Regeln, die allgemeingültig sind.

Rot, Orange und Gelb sind warme Farben. Sie sind satt und auffällig, anregend und einladend. Sie eignen sich gut als Akzentfarben und machen Räume gemütlich, weil sie auf den Betrachter zuzukommen scheinen.

Blau, Lila und Blaugrün sind kühle Farben. Sie wirken beruhigend und vergrößern optisch den Raum, da sie sich zu entfernen scheinen, wenn man sie betrachtet, etwa an Wänden.

Grün ist eine Farbe, die natürlich beruhigend wirkt. In Verbindung mit Blau wird sie kühler, mit Gelb wärmer.

Neutrale Farben vermitteln einen Eindruck von Weite. Ursprünglich zählten dazu nur Schwarz, Weiß und Grau, heute aber gelten auch natürliche Schattierungen von Creme, Stein und Beige als neutral. Diese modernen neutralen Töne passen zu warmen Farben ebenso gut wie zu kühlen.

Während es nur ein paar wenige reine Farben gibt, existieren unendlich viele Schattierungen, und indem wir diese mischen, schaffen wir uns ein eigenes Gestaltungsschema. Ein dunklerer Ton entsteht, wenn der reinen Farbe Schwarz hinzugefügt wird, ein hellerer Ton durch eine Spur Weiß.

Kräftig purpurrote Wände lassen dieses moderne Wohn- und Esszimmer wärmer wirken. Die knallige Wand wird durch weiß lackierte Möbel und den hellen Holzboden ausgeglichen, sodass der Eindruck eines modernen, frischen und farbenfrohen Raumes entsteht.

FÜR JEDEN RAUM DIE RICHTIGE FARBE

Mit Farben schaffen Sie genau die Atmosphäre, die Sie sich für Ihr Zuhause wünschen. Sie sollten aber bei der Farbwahl unbedingt berücksichtigen, wie der Raum genutzt wird.

Dielen und Flure sollten einladend und freundlich wirken. Da man sich selten lange dort aufhält, vertragen sie aber durchaus kräftigere Farben als ein Raum zum Entspannen. Leuchtendes Zitronengelb etwa ist besonders belebend und funktioniert hervorragend in Fluren. Bei Treppen müssen Sie darauf achten, dass die Farbe, die Sie für unten gewählt haben, auch oben noch passt.

Wohnzimmer dienen der Entspannung, aber auch der Geselligkeit. Gedämpfte Farben oder neutrale Töne im Hintergrund schaffen ein angenehmes Ambiente, in dem Sie und Ihre Gäste sich wohlfühlen.

Belebende Akzente können Sie setzen, indem Sie eine Wand mit einer fröhlich gemusterten Tapete hervorheben, aber auch mit auffälligen Vorhängen oder farbenfrohen Accessoires.

Küchen werden den ganzen Tag über benutzt, wählen Sie also eine Wandfarbe, mit der es sich gut leben lässt und die den Raum nicht dominiert.

Esszimmer dienen fröhlichen Zusammenkünften, und da sie häufig am Abend genutzt werden, vertragen sie Wandfarben oder Tapeten in dunkleren, kräftigeren Farben wie Dunkelrot oder Nachtblau, die bei künstlicher Beleuchtung richtig zur Geltung kommen.

Schlafzimmer sind zum Abschalten und Schlafen da. Beruhigende Lilatöne und helles Blau wirken entspannend und helfen beim Einschlafen.

Kinderzimmer dürfen ruhig bunt sein, aber zu viel Farbe lenkt die kleinen Bewohner ab. Halten Sie die Wände dezent, und erzeugen Sie Farbe durch Accessoires, die leicht ausgetauscht werden können, wenn das Kind älter wird.

Badezimmer werden häufig in maritimen Farben gestaltet – Blau, Weiß, Cyan. Es sind Farben, die das Entspannen in der Wanne nach einem hektischen Tag unterstützen. Naturtöne wie Beige und Stein machen die Wände wärmer und dämpfen das oft harte Weiß der Sanitärkeramik.

Die Kombination aus frischem Blau und Weiß wirkt sauber und strahlt gleichzeitig eine Atmosphäre der Gelassenheit aus.

Die Hauptfarben in diesem einladenden Wohnzimmer sind Graublau, Weiß und Marineblau. Es sind alles ruhige Farben, die ein entspannendes Ambiente schaffen. Akzente in leuchtendem Rot werden als Blickfang eingesetzt und machen den Raum dadurch warm und gemütlich.

Genial einfach

Wählen Sie für belebende Akzente Kissen und Dekoration in Farben, die mit Wänden und Möbeln kontrastieren. Sie sind leicht austauschbar, wenn Sie einmal umgestalten wollen.

FARBE UND LICHT

Die Stimmung im Raum wird durch natürliches und künstliches Licht erheblich beeinflusst – vom hellen Tageslicht bis zur Dämmerung am Abend. Beim Aussuchen von Wandfarben, Tapeten oder Stoffen sollten Sie berücksichtigen, wie die Farben zu allen Tageszeiten wirken.

Ehe Sie loslegen, sollten Sie prüfen, wie viel Sonne der Raum erhält. In Räumen mit viel Tageslicht wirken kühle Farben angenehm. Wird der Raum im Sommer sehr warm, bewahren die Farben immer noch ein wenig Frische. Räume mit wenig Tageslicht können mit fröhlichen, aber zarten Gelbtönen aufgehellt werden, oder sie erhalten etwas mehr Wärme durch Dunkelrot- und Orangetöne.

Tageslicht dringt in einen Raum durch Fenster oder Glastüren ein, d. h. das Licht kommt meist aus einer Richtung, es sei denn der Raum hat besonders viele Fenster. Die Wände gegenüber dem Fenster wirken heller als die, die an das Fenster angrenzen. Die Fensterwand selbst ist die dunkelste von allen.

Und während das Sonnenlicht im Tagesverlauf durch das Zimmer wandert, nehmen die Farben an Ihren Wänden dunklere und hellere Schattierungen an. Lampen werden in einem Raum am besten so platziert,

dass die Wände gleichmäßig beleuchtet sind. Die Beleuchtung hat einen großen Einfluss auf die Wirkung von Farben und die Stimmung eines Raumes. Das gilt nicht nur für die Position der Lichtquelle, sondern auch für die Art des Lichts. Halogenleuchten senden ein weißes Licht aus, das dem Tageslicht ähnelt, haushaltsübliche Glühbirnen strahlen warmes, leicht gelbliches Licht ab, das manche Farbe wärmer erscheinen lässt. Mehr dazu im Kapitel über Licht, Seite 144 im Abschnitt „Oberflächen und Möbel".

MIT FARBEN RÄUME DEFINIEREN

Mit Farben lässt sich die Größenwirkung eines Raumes verändern. Wird ein kleiner Raum zum Beispiel in einer dunklen, warmen Farbe gestrichen, wirkt er klein und heimelig.

Derselbe Raum in reinem Weiß dagegen würde hell und luftig erscheinen. Da warme Farben wie Rot,

In diesem Wohnzimmer ist reines Weiß gepaart mit Offwhite und Elfenbein. Das Fehlen von Farbe lenkt die Aufmerksamkeit auf Texturen und Formen. Glattes Porzellan und rau-weiche Textilien spielen unaufdringlich mit Licht und Schatten.

Orange und Gelb auf den Betrachter zuzukommen scheinen, können sie eingesetzt werden, um einen langen Raum kürzer und breiter zu machen, dazu können Sie zum Beispiel die von der Tür am weitesten entfernte Wand in einem warmen Ton gestalten.

Kühle Blau- und Grüntöne entfernen sich optisch vom Betrachter, und so können sie eingesetzt werden, um kleine Räume größer erscheinen zu lassen. Kleine Dachzimmer danken es, wenn man Wände und Decke im gleichen hellen Farbton hält, damit Winkel und Schrägen weniger auffallen und der Raum größer wirkt.

Rein weiß gestaltete Räume vermitteln einen leichten und luftigen Eindruck und sehen größer aus, als sie sind. Damit das Weiß wirklich ruhig und angenehm und nicht hart und nackt wirkt, arbeiten Sie mit unterschiedlichen Texturen. Wenn Sie keine weißen Wände mögen, aber wollen, dass Ihr Raum größer wirkt, nehmen Sie helles Blau. Nach Weiß ist es die beste Farbe, um optische Größe zu erzielen.

OBEN In diesem Esszimmer lässt lebendiges Rostorange die Wände näherrücken, sodass ein Gefühl von Wärme und Gemütlichkeit entsteht.

RECHTS Das kühle, blasse Blau der Wände lässt dieses moderne Wohnzimmer größer erscheinen.

FARBEN KOMBINIEREN

Farben werden nicht nur vom Licht beeinflusst, sondern auch voneinander. Dass ein Farbkonzept in einem Raum funktioniert, hängt nicht nur von der Auswahl der Farben ab – es muss auch das richtige Gleichgewicht zwischen den Farben und ihren Schattierungen herrschen.

HARMONIE SCHAFFEN

Eine ruhige und harmonische Farbwelt lässt sich am einfachsten schaffen, wenn man verschiedene Töne derselben Farbe nimmt. Auch neutrale Farbkonzepte funktionieren hervorragend nach dieser Methode. Dunkle und helle Varianten desselben Tons schaffen optische Abwechslung, aber kaum Kontraste. Eine andere Möglichkeit ist, aus dem Farbenrad unten drei benachbarte Farben zu wählen. Wenn Sie von jeder Farbe ähnliche Töne aussuchen, entsteht ein Farbmix, der nicht wild und bunt, sondern ganz natürlich wirkt.

Genial einfach

Keine Idee, welche Farben Sie wählen sollen? Schauen Sie sich Ihre Lieblingsbilder oder -gemälde an: Sie verraten Ihnen, mit welchen Farben Sie sich am liebsten umgeben.

KONTRAST

Wenn Sie finden, dass in Ihrer Farbwelt nun zu viel Harmonie herrscht, fügen Sie eine Kontrastfarbe hinzu. Kontrastfarben, auch Komplementärfarben genannt, liegen sich im Farbenrad gegenüber: Blau und Orange, Rot und Grün, Gelb und Lila.

Ein paar Tupfer Kontrastfarbe beleben ein Farbschema, zu viel davon aber wirkt unangenehm. Am besten ist die Wirkung, wenn eine Farbe mit all ihren Schattierungen dominiert und eine andere nur eine untergeordnete, aber unterstützende Funktion einnimmt.

Ein guter Trick beim Einsatz von Kontrastfarben ist es, unterschiedliche Schattierungen zu nehmen. Von der einen Farbe hellere Töne für den Hintergrund des Raumes und dazu dunkle Töne der anderen Farbe für dekorative Akzente. Zum Beispiel bildet dunkles Lila einen schönen Kontrast in einem blassgelb gehaltenen Raum.

Blasse Rosatöne, Creme und bräunliches Eisengrau fügen sich harmonisch zusammen und bilden einen entspannenden Hintergrund für dieses ruhige Wohnzimmer. Tupfer von Schokobraun, das aus der gleichen Farbpalette stammt, vervollständigen und sättigen das Farbschema.

Hier bilden die orangefarbenen Hochglanzküchenfronten den optischen Mittelpunkt, der von den kontrastierenden blauen Stuhlbezügen perfekt in Szene gesetzt wird. Die hellen Hintergrundflächen – Wände und Boden – sorgen dafür, dass die Farben nicht zu dominant werden.

SCHWARZ UND WEISS

Schwarzweiß ist nicht nur die wirkungsvollste Farbkombination von allen, sie ist auch sehr klassisch. Wer diese beiden extremen neutralen Töne ausschließlich einsetzt, macht aus seinem Wohnzimmer einen stylishen Blickfang.

In Kombination verwendet schaffen Schwarz und Weiß dramatische und augenfällige Räume, die elegant, klassisch und edel aussehen.

Schwarzweiß funktioniert am besten, wenn Weiß dominiert und mit Schwarz Details hervorgehoben werden. In der Praxis bedeutet das, Weiß ist der Hintergrund: Wände und Boden und meist auch große Möbel wie Sofas. Dazu gesellt sich ein Mix aus schwarzweiß gemusterten Gegenständen und Accessoires wie Kissen, Vasen und Brücken, bis sich zwischen den beiden Tönen ein Gleichgewicht einstellt. Sie können den Schwarzanteil im Raum ganz einfach dosieren, indem Sie Stoffmuster wählen, die entweder schwarzgrundig oder weißgrundig sind.

Weiß ist in diesem Wohnzimmer die dominierende Hintergrundfarbe; es wurde für Wände, Boden, Couch und Vorhänge verwendet. Der großgemusterte Teppich und die schwarzgrundigen Raffrollos sorgen für deutliche Akzente, ein Mix aus schwarzweiß geblümten Kissen ergänzt das Bild.

HISTORISCHE FARBEN

Die Farben vieler Epochenstile sind auch heute noch beliebt. Wenn Sie sich für eine bestimmte Epoche entscheiden, befassen Sie sich zunächst intensiv mit dem Stil, damit die Farben, die Sie wählen, nicht nur zu Ihnen und Ihrem Haus, sondern auch zum Zeitraum Ihres Stils passen. Man unterscheidet bei Einrichtungsstilen im Wesentlichen drei historische Epochen:

Georgianisch (1714–1837): Zarte, zurückhaltende Farben sorgen für einen edlen Look. Blasses Minzgrün und gedämpftes Blau oder Creme, Stein und Rosa schaffen dezente, elegante Räume.

Viktorianisch (1837–1901): Dunkle, satte Farben sind das Geheimnis dieses stark dekorativen, prunkvollen Stils. Dunkle Rot-, Grün- und Blautöne wurden für formale Räume verwendet, ebenso für Flure und Dielen in Form von Prägetapeten oder Täfelungen.

Edwardianisch und Art déco (1901–1939): In dieser Zeit wurden leuchtende und dauerhafte Farben zunehmend erhältlich und erschwinglich. Vom dunklen, oft vom Militär inspirierten Rot, Waldgrün und Dunkelgrau der Anfangsjahre bis hin zu den weichen Pastelltönen der zwanziger Jahre bietet diese Epoche zahlreiche Farbvariationen, die sich bestens auch für modernes Wohnen eignen.

Historische Farben sind so vielfältig, dass sie zum traditionellen Wohnen ebenso gut passen wie zum modernen, wie diese gedämpften Beigetöne, die von der georgianischen Farbpalette inspiriert sind.

MUSTER

Ob Stoffe mit großen Blumen oder nur zart gesprenkelte Küchenarbeitsplatten – alle Muster bringen Dynamik in einen Raum, und selbst das kleinste oder blasseste Ornament beeinflusst die ganze Szenerie eines Zimmers.

Im Allgemeinen denkt man bei Mustern vor allem an Tapeten und Textilien, aber beim näheren Hinsehen stellt man fest, dass sie überall sind – auch auf Badezimmerfliesen, auf Arbeitsplatten, auf Lampenschirmen und Vorhanghaltern.

Größe und Art des Musters bestimmen, wie man es betrachtet. Manche Muster wiederholen sich ganz offensichtlich, etwa Tapeten und Textilien mit einem Motiv, das sich gleichmäßig quer oder längs fortsetzt. Andere Muster sind weniger deutlich, etwa auf Tapeten mit verdrehten, ineinander verwobenen Ornamenten, die sich über die ganze Wand scheinbar nahtlos aneinanderfügen.

GROSSE MUSTER

Große Muster dominieren Räume und ziehen die Aufmerksamkeit auf sich. Sie wirken gut als Blickfang, etwa als zweifarbige Damasttapete, die eine Wand im Wohn- oder Esszimmer betont, oder als auffälliger

Blumenvorhang, der ein schönes Erkerfenster rahmt. Wird ein Muster solitär eingesetzt, wird es automatisch zum Hingucker – umso mehr, je schlichter und dezenter die Umgebung ist.

Wenn Sie nicht recht wissen, wo und wie Sie beginnen sollen, setzen Sie große Muster nur sehr behutsam ein, vor allem in kleinen Räumen.

Dichte, vielfarbige Muster eignen sich gut als Akzente, zu viel erschlägt aber den Raum. Halten Sie den Hintergrund unifarben, und suchen Sie die Muster farblich passend dazu aus.

LINKS Große florale Muster bringen eine auffällige Bewegung in einen Raum, vor allem wenn sie in kontrastierenden Farben gehalten sind. Schlichte Möbel bringen die Tapete richtig zur Geltung.

OBEN Muster können gut verwendet werden, um den Blick zu lenken. Dieser Durchgang wird von einer filigranen Blumentapete gerahmt, die nicht nur die Tür in Szene setzt, sondern auch auf das dahinter liegende Esszimmer aufmerksam macht.

WORAUF ES BEI GROSSEN MUSTERN ANKOMMT

Große Muster sind immer besonders auffällige Hingucker.

Das weiche Cyanblau dieser Wand nimmt einen Farbton der Tapete auf; der Teppich sorgt auf dezentere Weise zusätzlich für Farbe, Muster und Textur.

An dieser Akzentwand kann das Muster seine Rolle als Gestaltungselement voll ausspielen, ohne den ganzen Raum zu dominieren.

Accessoires in kräftigen Schattierungen bringen Spannung in den Raum.

WORAUF ES BEI KLEINEN MUSTERN ANKOMMT

Zarte Muster kommen am besten in Kombination mit großen unifarbenen Flächen zur Geltung.

Bettgestell und Holzvertäfelung bilden mit ihren geraden Streifen ein Gegengewicht zu den femininen Blumen.

Schlichte weiße Bettwäsche ist eine klassische Wahl als Partner zu gemusterten Stoffen.

Seidenkissen sorgen für einen Hauch schimmernden Glanz.

Blumenvorhänge bringen Farbe und Muster in den Raum.

UNTEN Diese pastellblaue Tupfentapete ist klassisch geometrisch. Hier verleiht sie dem Winkel einer Wohnküche fröhlichen Landhauscharme.

RECHTS Peppig gemusterte Kissen ziehen hier die Blicke auf sich. Sessel und Wände liefern die Hintergrundfarben, Kissen und Vorhänge variieren das Farbschema mit leuchtendem Pink, Blassblau und Limettengrün.

MUSTER AUSWÄHLEN

Muster verleihen einem Raum Tiefe. Es gibt Stoffkollektionen, die ein bestimmtes Motiv kreativ variieren, zum Beispiel große Blumen, Streublümchen und das passende Uni dazu. Wählen Sie eines davon als bestimmendes Muster, und fügen Sie die anderen in kleineren Mengen hinzu. So entsteht ein von Mustern geprägtes und doch geordnetes Konzept. Sie können auch Muster mit ähnlichen Farben oder Themen wählen und kombinieren.

Muster können auch dazu dienen, Flächen abzugrenzen und hervorzuheben. Bordüren an unifarbenen Kissen oder Tagesdecken betonen auf dekorative Art Konturen. Litzen an einem einfachen Rollo oder eine gemusterte Fliesenkante im Bad sorgen für einen interessanten optischen Reiz.

KLEINE MUSTER

Kleingemusterte Wände machen kleine Räume, etwa Schlaf- oder Badezimmer, warm und gemütlich. Geometrische Muster, ob einfache Streifen oder witzige Ornamente im Retrolook, wirken wunderbar auf Tapeten, auf denen die mathematische Symmetrie des Designs am besten zur Geltung kommt. Die Wand sollte aber glatt und gerade sein. Querstreifen betonen die Höhe eines Raumes, ein gestreifter Treppenläufer lenkt den Blick die Stufen hinauf oder hinab.

Streifen und Karos ergänzen sich gut, ebenso andere einfache Designs wie Tupfen oder Sternchen. Sie sind gute Partner für florale oder figurale Toile-de-Jouy-Motive, solange die Farben aufeinander abgestimmt sind.

PRAXISTIPPS
VOM UMGANG MIT FARBEN

Um mit Farben richtig umzugehen, braucht es ein gewisses Selbstvertrauen. Am besten beginnt man mit einer kleinen Auswahl von passenden und kontrastierenden Farbtönen, einer sogenannten Palette. Hier werden sechs Paletten vorgestellt, mit denen derselbe Raum dreimal unterschiedlich gestaltet wurde. Jede Palette hat nur sieben Farbtöne, aber durch das Kombinieren der Farben untereinander entstehen immer wieder neue Räume, die sich in Farbe und Stil erheblich voneinander unterscheiden.

SOMMERFRISCHE

Diese Palette mischt sommerliche Töne wie Koralle, Limettengrün, Hellblau und warmes Lila und kühlt sie mit ruhigem Creme und neutralen Sand- und Grautönen. Das Ergebnis sind drei Farbwelten zum Wohlfühlen für Bewohner und Gäste.

KLASSISCH SCHÖN

Dieses ruhige, klassische und dennoch moderne Wohnzimmer entsteht durch einen Mix der neutralen Cremetöne dieser Palette, dazu kommt ein Hauch frisches Blau.

Blumentapeten sind zeitlos: Die Kombination aus Hellblau und Creme bringt Farbe und Muster an die Wände, ohne den Raum zu dominieren.

Ein unifarbener Sockel betont die Grundfarbe des Raumes.

Ein hübscher Mix aus kontrastierenden Kissen peppt das cremefarbene Sofa auf.

Das Vorhangmuster stammt aus derselben Kollektion wie die Tapete und lässt den Raum trotz Mustermix geordnet wirken.

Ein heller Cremeteppich liefert den neutralen Hintergrund, einfache Streifenläufer ergänzen Farben und Muster.

FRISCH UND LEBENDIG

Hier spielt der Korallenton der Wand die Hauptrolle. Accessoires in Koralle und Blau machen den Raum lebendig, während der dunkle, leicht sandige Cremeton Ruhe in die Szene bringt. Das Sommergefühl dieses Raumes hält das ganze Jahr über an.

Die richtige Balance zwischen Rosa und Orange ist der Korallenton, der dieses Wohnzimmer mit sommerlicher Wärme erfüllt.

Das Regal wurde in der Farbe des Sofas gestrichen. Die neutralen Töne dienen als farblicher Ausgleich.

Die Kontrastfarben – blaue und korallenrote Kissen – setzen lebhafte Akzente.

Der in hellem Creme gestrichene Dielenboden erinnert an einen Bootssteg und verleiht dem Raum maritimen Charme.

EDEL UND STARK

Für ein elegantes, ausdrucksstarkes Wohnzimmer eignet sich ein Mix aus Blau und Lila, ergänzt mit neutralen Grau- und Cremetönen.

Dezent und schön: die Kombination aus hell cremefarbenen Vorhängen und lichtgrauem Raffrollo.

Damit der Raum nicht überladen wirkt, ist neben der Blumentapete möglichst jedes Muster zu vermeiden.

Hellblaue Kissen sorgen für leuchtende Farbtupfer.

Die übrigen Möbel halten sich vornehm zurück: Eine einfache Metalllampe und ein schlichter Beistelltisch ergänzen mit einen Touch Moderne.

VIEL MEER

Ein Spaziergang auf den Klippen, ein weiter Blick über das Meer – wären die dramatischen Farben der Küste nicht etwas für Ihr Wohnzimmer? Das Blau reicht von einem stürmisch dunklen Ton bis hin zu ruhigem hellen Bleu, Erdtöne leuchten von Orange bis Grün.

SCHICK IN RETRO

Dieses Wohnzimmer enthält drei Neutraltöne aus der Palette: Grau, Offwhite und Dunkelbraun, dazu leuchtendes Orange. Die Mischung ergibt einen ebenso schicken wie gemütlichen Raum mit Retrofeeling.

① Die Wände in frischem Offwhite wirken angenehm und machen den Raum hell.

② Die Accessoires wurden so ausgewählt, dass sie Farbe spenden und zum Gesamtkonzept passen.

③ Der in warmem Orange und Braun gemusterte Vorhang lenkt den Blick auf das große Fenster.

④ Die elegante Wirkung des kühlen grauen Bezugs wird durch die Kissen mit ihren warmen Tönen ergänzt.

⑤ Der Walnussboden ist praktisch und vermittelt den Eindruck von Wärme. Für Gemütlichkeit sorgt der zottelige Teppich in Orange.

WEISS-BLAU WIE DIE SEE

Ein auffälliges Muster ist eine gute Grundlage für Ihre Raumgestaltung. Hier bildet der blau-weiße Stoff mit dem charakteristischen Blattmuster den Mittelpunkt.

Eine Akzentwand in Dunkelblau verleiht dem Raum auf markante Weise Farbe. Zum Ausgleich ist die angrenzende Wand in hellem Grau gestrichen.

Vereinzelte Tupfer in Orange, der Komplementärfarbe von Blau, sorgen für Frische.

Weiße Möbel stehen für Leichtigkeit, hellen den Raum auf und bilden einen Kontrast zu den gemusterten Stoffen von Rollo und Kissen.

NATÜRLICHE ELEGANZ

Dieser neutral gehaltene Raum steht im völligen Kontrast zu dem blauweißen oben, und es ist kaum zu glauben, dass die Farben derselben Palette entstammen. Hier wurden nur die hellen Grau- und Offwhitetöne ausgewählt: Die Naturtöne stehen außerdem im Einklang mit dezenten Mustern und Texturen.

Das zarte Muster der Tapete an der Kaminwand ähnelt dem der Kissen und Vorhänge.

Bei neutralen Farbkonzepten sorgen Texturen und Muster für den optischen Reiz. Die Farbe des Vorhangs ist neutral, dafür ist er auffällig gemustert. Die Hocker bieten zusätzliche Sitzgelegenheiten und nehmen das Muster erneut auf.

Der Zottelteppich hat eine interessante Textur und schmeichelt den Füßen.

FRÜHLINGSGEFÜHLE

Frühlingsblumen waren die Vorbilder für diese frische Palette – Tulpen, Krokusse und Hyazinthen standen Pate für die lebendigen Pink- und Lilatöne. Warmes Braun und helles Creme bilden den ausgleichenden Gegenpart zu den bunten Glanzlichtern.

ELEGANT ENTSPANNT
Dieses Design verwendet die neutralen Töne der Palette als Basis. Dazu kommt ein Hauch lebendiges Limettengrün als Akzent ins ruhige Schlafzimmer.

Das geometrische Muster verleiht dem Raum einen gewissen Retrocharme. Das kräftige Grün belebt das neutrale Farbkonzept.

Schokobraune Möbel bilden einen ruhigen Hintergrund. Ein Hingucker wie die verspiegelte Kommode sorgt für das gewisse Etwas.

Die unifarbene Bettwäsche mit Struktur und in neutralen Tönen sieht einladend aus und bietet einen optischen Reiz in diesem klassischen Ambiente.

CYAN MACHT FRÖHLICH

Cyanblau ist eine fröhliche Frühlingsfarbe, die sich gut mit neutraler Cremefarbe und Schokobraun verträgt, aber auch mit kräftigem Pink. Hier bilden diese vier Farben ein frisches und modernes Quartett.

Eine Wand in Cyan genügt, um modernes Flair zu verbreiten. Die Farbe leuchtet, ist fröhlich und hellt den ganzen Raum auf.

Dunkle Holzmöbel sehen klassisch gut aus und sind zeitlos. Obendrein passen sie gut zu dem neutralen Fußboden.

Mit Kissen und Decken kommt das andere leuchtende Ende der Farbpalette ins Spiel.

HELL UND FREUNDLICH

Dieser farbenfrohe Raum nutzt die helleren Töne der Palette und kombiniert kräftiges Pink mit Limettengrün, Cyan und Lila. Dass es nicht zu bunt wird und der Raum eine optische Einheit bildet, dafür sorgt ein ruhiger Hintergrund in Creme.

Die vielfarbige Blumentapete an der Stirnwand bildet den Blickfang in diesem Schlafzimmer.

Die unifarbenen Vorhänge garantieren, dass der Raum nicht unruhig wird. Bei der Farbwahl aber sind alle Freiheiten erlaubt: Das grelle Pink passt perfekt zu den übrigen Farben.

Die farbenfrohe Bettwäsche nimmt die Töne der Tapete auf und ergänzt den Mustermix.

HERBSTLICHE TÖNE

Diese sanfte Palette besteht aus Farben, die an einen nebelverhangenen Herbstwald erinnern. Vier weiche Neutraltöne mischen sich mit starker Auberginefarbe, hellem Limettengrün und dunklem Nussbraun zu zahlreichen und leicht umzusetzenden Variationen.

RUHIGE ELEGANZ

Zartes Lila bildet den Hintergrund in diesem modernen Wohnzimmer, in dem Dunkelbraun und Aubergine für zusätzliche Tiefe sorgen.

Die Vorhänge sorgen für Muster im Raum. Das optische Pendant dazu sind die Sofakissen aus dem gleichen Stoff.

Die Glasvasen in warmem Aubergine wurden passend zum Farbkonzept ausgewählt; die satte Farbe leuchtet warm, wenn sich Licht in ihr spiegelt.

Das Tischset aus Schokobraun und Metall, passend zum Tisch, bietet zusätzliche Abstellfläche.

Der moderne Teppich ergänzt Muster und Textur des Fußbodens.

LILA DUNST

Dieses markante Farb-
konzept bringt die leuch-
tenden Töne der Palette
zum Schwingen. Die
natürlichen Kontraste,
Limette und Lila, werden
mit ruhigem Nussbraun
und Sahne ergänzt.

Die gemusterten limetten-
grünen Vorhänge verbreiten
Theaterflair, die Farbe kontrastiert ideal mit den auber-
ginefarbenen Wänden.

Lila Wände sind nichts für
zarte Gemüter, aber wenn
sie durch neutrale Töne
ausreichend Gegengewicht
erhalten, müssen sie den
Raum nicht dominieren.

Glastische sind leicht und
spiegeln das Licht; sie bieten
Abstellfläche, ohne zusätzlich
Farbe einzubringen.

Der moderne Teppich in erdigen Brauntönen gibt dem
Farbkonzept die nötige Basis.

LEICHT UND LUFTIG

Wenn Aubergine und
Limette nicht nach Ihrem
Geschmack sind, hat die
Palette noch mehr zu
bieten. Dieses Konzept
mit Naturtönen kombiniert
neutrales Weiß, Creme
und Rehbraun mitein-
ander und setzt Akzente
mit sattem Dunkelbraun.
Der Raum wirkt warm
und lebendig.

Kissen und Decken sind
wegen ihrer Texturen
ausgesucht worden, denn
ein neutrales Farbkonzept
erfordert besondere
Oberflächen.

Schicker Blickfang: die
skulpturale Tischlampe.

Zusätzliche Texturen: leder-
bezogenes Tablett und Korb.

Der Bezugsstoff des Hockers
passt perfekt in die Wohn-
szene.

FARBEN DER NATUR

Im Hochsommer draußen auf dem Land bilden Rot, Grün und Gelb eine harmonische Einheit, das Gleiche schaffen Sie auch zu Hause. Grün und Rot sind ein klassisches Paar; geben Sie ein bisschen Pink und kräftiges Gelb dazu und zum Verfeinern eine Prise neutraler Töne.

AUF DER BLUMENWIESE

Kühles Grün sieht zu Weiß besonders gut aus. Reh-braun und Beige liefern als neutrale Farben die Basis für dieses Konzept, während Tupfer von leuchtendem Pink Frische ins fröhliche Wohnzimmer holen.

① Kühle grüne Wände verbreiten eine ebenso frische wie ruhig-entspannte Atmosphäre.

Das schlichte Raffrollo sorgt für ein dezentes Muster und Farbe am Fenster.

Die fröhlichen Blumenkissen bilden den perfekten Gegenpart zu den strengeren Karos von Sessel und Rollo.

④ Der Karosessel ergänzt den Raum um ein elegantes geometrisches Muster. Das Tweedkaro erinnert an klassische englische Herrenmode.

OPULENTER CHARME

Große Muster miteinander zu kombinieren erfordert Mut und Fingerspitzengefühl. Die großgemusterte Tapete setzt einen deutlichen Akzent mit Farbe und Muster, die Vorhänge und Kissen bringen ihren eigenen Charakter ein.

Eine auffällige Tapete an einer Wand als Blickfang verleiht dem Raum einen Hauch von Luxus.

Eine gemusterte Bordüre am Vorhang ist eine gute Wahl, wenn ein vollständig gemusterter Vorhang zu viel des Guten wäre.

Die Möbel sind bewusst schlicht gehalten, sodass die anderen Elemente in den Vordergrund rücken können.

Der steinfarbene Teppich liefert einen ruhigen Hintergrund für das wilde Farbenspiel.

LEICHTES LEBEN

Muster und Farben spielen nur Statistenrollen, während Offwhite und Steingrau den Ton angeben in diesem modernen Wohnzimmer mit lockerer Atmosphäre.

Bewegung, aber dezent: angrenzende Wände in zwei verschiedenen ruhigen Neutraltönen.

Leuchtende Farbtupfer auf dem Sofa strahlen intensive Frische aus.

Der moderne Glastisch behauptet den Logenplatz im Raum und stellt gläserne Accessoires zur Schau.

Der steinfarbene Teppich und die weiche Brücke in Offwhite ergänzen dezente Texturen und neutrale Töne.

PORZELLANFARBEN

Rosa Teetassen, braune Steingutbecher und britische Blau-Weiß-Druckmuster – es sind die Farben von traditionellem Porzellan, die diese Palette vorgeben. Die dominanten Töne sind Fuchsienpink und Marineblau, unterstützt von Blassblau, Babyrosa, Schoko und Creme.

KLASSISCHE ELEGANZ

Die ornamentale Tapete in lebendigem Pink ist ein hoch dekoratives Element in diesem Wohnzimmer. Sein Gleichgewicht erreicht dieses Farbkonzept dadurch, dass alle anderen Formen und Designs schlicht gehalten sind.

Die Leinenvorhänge sind bewusst unaufdringlich. Clevere Deko-Idee: die einfache Bordüre an den Längskanten in leuchtendem Fuchsienpink.

Der schlichte Spiegel sorgt für einen Hauch Eleganz.

Den weizenfarbenen Teppich ohne Brücken zu belassen schafft einen ruhigen Gegenpol zu der farbenfrohen Tapete.

SEELUFT

Uni- und Streifenstoffe in verschiedenen Blautönen sorgen hier für maritime Atmosphäre. Dunkles Schokobraun und sattes Creme bilden einen warmen Hintergrund.

Breitgestreifte Vorhänge wirken frisch und flott. Von der Seefahrt abgeschaut: Ösen als Aufhängung.

Das ganze Raumdesign im Kleinen: Die dekorativen Flaschen sind mit ihren passenden Farben und Streifen die perfekte Ergänzung.

Kissen in verschiedenen Streifenmustern verleihen dem einfarbigen Sofa einen fröhlichen Charakter.

THEATER, THEATER

Dunkelblaue Wände und üppige schwere Vorhänge verleihen diesem Wohnzimmer eine gewisse Theatralik. Zu den satten Hintergrundfarben gesellen sich leuchtende Akzente in Fuchsienpink. Das schokobraune Ledersofa ist bequem und einladend.

Die floralen Arabesken der Tapete bringen Dynamik in den Raum und verhindern, dass die dunklen Wände bedrückend wirken.

Spiegelnde Möbel und schimmernde Accessoires bringen den Raum zum Strahlen und sorgen dafür, dass die dunklen Farben nicht düster wirken.

Seidenkissen in eleganten Farben unterstreichen die Wirkung des braunen Ledersofas.

Belebung für den Teppich: eine moderne Brücke in leuchtendem Pink.

RAUMPLANUNG

NUTZEN SIE DEN PLATZ

Wer sich ans Umgestalten macht, möchte am liebsten sofort zum Pinsel greifen und loslegen. Ein gutes Ergebnis benötigt aber eine gute Planung – die außerdem hilft, kostspielige Fehler zu vermeiden.

Das offene Bücherregal dient als Raumteiler, der den Arbeitsplatz vom Rest des Zimmers abschirmt. Praktischen Nutzen hat es außerdem als zusätzliche Ablage, die von beiden Seiten zugänglich ist.

Ihr Zuhause hat viele Aufgaben zu erfüllen, es soll Platz bieten für Arbeit und Familie, für privaten Rückzug und für große Partys. Ehe Sie mit dem Umgestalten beginnen, sollten Sie herausfinden, wie Sie einen Raum tagtäglich nutzen wollen. Wenn Sie vorher genauestens überlegen, wie Sie auch den kleinsten vorhandenen Platz nutzen wollen, wird der Raum nachher nicht nur gut aussehen, sondern auch alltagstauglich sein.

Als Erstes sollten Sie sich fragen, warum Sie überhaupt umgestalten wollen. Was stört Sie am aktuellen Zustand, was funktioniert nicht? Wenn Sie gerne kochen, aber auf Ihrer Arbeitsfläche nicht richtig sehen können, überdenken Sie die Beleuchtung in Ihrer Küche. Und wenn Sie viel Platz im Flur haben, sollten Sie vielleicht mehr tun als nur ein paar Garderobenhaken aufzuhängen. Ist Ihr Arbeitszimmer gleichzeitig Gästezimmer? Möchten sich Ihre Kinder lieber ein Schlafzimmer teilen zugunsten eines extra Spielzimmers oder möchte jedes sein eigenes Reich? Stellen Sie sich solche Fragen, dann werden Sie auch bald Lösungen finden. Seien Sie einfach ehrlich zu sich selbst, und wählen Sie ein Ambiente, in dem Sie sich wohlfühlen.

DAS VIELZWECK-HEIM

Räume dienen oft mehreren Zwecken, prüfen Sie also, wie Sie Ihre Räume wirklich nutzen, statt sie nach ihrem Namen einzurichten. Wohnen Sie wirklich vor allem im Wohnzimmer? Oder doch eher in der Küche?

Wann am Tag wird der Raum genutzt?

Nicht alle Räume werden den Tag über ständig genutzt. Selbst wenn Sie tagsüber zu Hause sind, weil Sie daheim arbeiten oder sich um die Kinder kümmern, setzen Sie vielleicht nie einen Fuß ins Schlaf- oder Esszimmer. Küche, Kinder- und Wohnzimmer sind nach der Schule meist von Leben erfüllt, und für die meisten sind die Couch im Wohnzimmer und die Badewanne Refugien für die abendliche Entspannung. Wann Sie einen Raum nutzen, beeinflusst die Wahl der Farben für Wände und Stoffe und auch das Möbeldesign. (Auf den Seiten 40/41 finden Sie Tipps, wie Sie mit Licht die Farben beeinflussen können.)

KÜCHEN

In der Küche wird gekocht, gescherzt und gespielt, Wäsche gemacht, Papierkram erledigt und für die Schule gelernt. Es ist ein viel genutzter Raum, der freundlich und einladend sein sollte.

Wer gerne für Freunde kocht, weiß um die Vorzüge einer Wohnküche. Man hält sich zwanglos im Essbereich auf oder die Gäste helfen beim Vorbereiten – das Essen entsteht in lockerer, geselliger Runde. Moderne Wohnküchen sind oft Dreh- und Angelpunkt der ganzen Wohnung, hier kommt die ganze Familie zusammen, zum Spielen, Hausaufgaben machen und zum Kochen und auch, um Schreibkram zu erledigen. Selbst die kleinste Küche profitiert von einem Essplatz, und wenn es nur ein Stuhl und ein Tisch zum Herunterklappen ist.

Wenn Sie einen größeren Umbau anstreben, möchten Sie vielleicht mehr Platz schaffen für alle Mitbewohner und ihre Aktivitäten. Aber auch im Kleinen lässt sich durch sorgfältige Planung ein Raum schaffen, von dem alle Familienmitglieder profitieren.

Küheninseln sind praktisch, weil sie nicht nur allerlei Küchenutensilien sowie Spülbecken oder Koch-mulde aufnehmen, sondern auch den Arbeitsbereich der Küche optisch vom Essbereich trennen. Offene Regale verleihen Küchen einen entspannten Look und zeigen Ihren individuellen Geschmack. Obendrein sind sie wesentlich günstiger als Einbauküchenmöbel. Stellen Sie hübsches Geschirr und attraktives Glas in die Regale und sie sehen lässig und immer uptodate aus.

> **Dafür brauchen Sie Platz:** Tisch und Stühle, Kochen samt Vorbereitung, Geräte, Vorrat, Küchen- und Essgeschirr.
> **Und vielleicht auch dafür:** Spielzeug, Fernseher oder Musikanlage, Korb fürs Haustier, Arbeitsplatz, Wandkalender, Notizbrett, Uhr.

DIESE KLEINE KÜCHE nutzt den vorhandenen Raum so, dass gleichzeitig Platz zum Kochen und zum Essen bleibt.

Ein langes Wandregal nimmt alles auf, was auf der Arbeitsfläche stört.

Eine Stange nutzt die freie Wand und hält die wichtigsten Utensilien bereit.

Die freie Arbeitsfläche bietet genug Platz zum Schneiden und Rühren.

In tiefen Körben lassen sich Töpfe und Deckel gut unterbringen.

WOHNZIMMER

Wohnzimmer sind zum Entspannen da und für die Geselligkeit, aber auch zum Essen und Trinken, Fernsehen, Musikhören, für Gäste und zum Spielen und auch zum Bügeln.

Raumplanung

Ein sorgfältig geplantes Wohnzimmer macht das Beste aus dem vorhandenen Platz, ganz gleich ob der Raum groß oder klein ist. Wenn Sie den ganzen Tag außer Haus sind, brauchen Sie einen Raum, in dem Sie Ruhe und Entspannung finden, in dem Sie fernsehen, Musik hören oder einfach nichts tun. Wenn Sie gern Gäste haben, brauchen Sie genügend Sitzgelegenheiten, und wenn es nur ein paar dicke, weiche Kissen sind.

Das Sofa oder die Couch ist meist das zentrale Möbel im Wohnzimmer, planen Sie also gut, wenn Sie ein neues kaufen. Nicht nur Design und Stil, auch Komfort und Polsterfarbe sowie die Maße einer Couch sind wichtig – ist sie zu groß, macht sie den Raum klein, ist sie zu zierlich, sieht sie deplatziert aus und bietet nicht ausreichend Sitzplätze.

Sorgen Sie für genügend Aufbewahrungsmöglichkeiten, sodass Bücher, Zeitschriften, Spielzeug und DVDs unsichtbar und trotzdem sofort auffindbar sind.

Maßangefertige Schränke sind natürlich ideal, aber Regale oder Schränke „von der Stange" sorgen ebenso gut für Ordnung. Ein großer Couchtisch mit Aufbewahrungsmöglichkeit ist immer praktisch. Ein Teil der Wand sollte frei bleiben für Bilder, Fotos oder Deko; so bekommt der Raum einen persönlichen Touch.

Dafür brauchen Sie Platz: Sofa, Couch oder bequeme Sessel, Couchtisch, Fernseher und/oder Musikanlage, Stehleuchte.

Und vielleicht auch dafür: Bücher und Spielzeug, Beistelltische, Lampen, Kamin, Wand für Bilder, Spiegel, Deko, Musikinstrumente, DVD- und CD-Aufbewahrung, Lautsprecherboxen.

DIESES WOHNZIMMER bietet viele Sitzplätze für Familie und Gäste.

Ein künstlicher Kamin gibt dem Raum die Wärme eines echten Feuers ohne die Probleme eines Rauchabzugs.

Kompaktes Homeoffice: Klapptisch und Stuhl.

Hier ist genügend Platz für ein großzügiges Sofa mit zwei Sesseln.

SCHLAFZIMMER

Schlafzimmer sind nicht nur zum Schlafen da, sondern auch zum Anziehen, Lesen, Spielen – und um Ruhe vor dem Familientrubel zu finden.

Für Eltern ist das Schlafzimmer oft der einzige Raum, den sie für sich alleine haben. Wenn es bei Ihnen zu Hause laut und turbulent zugeht, halten Sie Ihr Schlafzimmer so ruhig und schlicht wie möglich. Denken Sie daran, dass Sie im Schlafzimmer eigentlich nur ein Möbel wirklich brauchen – das Bett. Mit Sicherheit möchten Sie aber auch Ihre Kleidung unterbringen, planen Sie also genügend Aufbewahrungsmöglichkeiten ein, damit Sie leicht Ordnung halten können.

Das Bett sollte die Hauptrolle spielen; wählen Sie immer das größtmögliche Maß, das noch in den Raum passt, und die hochwertigste Matratze, die Ihr Budget erlaubt. Nutzen Sie alle Staumöglichkeiten – verstauen Sie die Wintersachen im Sommer unter dem Bett oder vielleicht sogar im Gästezimmer. Vermeiden Sie

Bücherstapel neben dem Bett und verleihen Sie dem Raum mit Familienfotos oder Souvenirs eine persönliche Note. Wird der Raum nicht rundum mit Möbeln zugestellt, wirkt er größer, als er ist.

> **Dafür brauchen Sie Platz:** Bett und Aufbewahrungsmöglichkeiten.
> **Und vielleicht auch dafür:** Bücherregale, Kiste oder Plastiksack unter dem Bett, Nachttische und Leselampen, Wandbilder, Stellflächen für Deko und Fotos, Schminktisch.

DIESES RUHIGE SCHLAFZIMMER enthält nicht mehr Möbel und Kleinkram als nötig, so entsteht eine entspannte Atmosphäre für einen angenhmen Schlaf.

Transparente Stores lassen die Sonne herein.

Die hohe Kommode bietet Platz für Wäsche; obendrauf passen Toilettenartikel und Deko.

Auf dem niedrigen Nachttisch finden eine hübsche Leselampe und ein Buch Platz.

Diskreter zusätzlicher Stauraum: Hinter dem Baumwollvolant verbergen sich Schubfächer.

Ein frei liegender Teppich lässt den Raum größer wirken.

KINDERZIMMER

Kinder lieben es, ihr eigenes Reich zu haben. Aber ihre Bedürfnisse verändern sich mit den Jahren; planen Sie also die Einrichtung so, dass sie sich leicht anpassen lässt.

Babys und Kleinkinder brauchen keine großen Zimmer. Wenn Sie nicht über genügend Platz für ein extra Spielzimmer verfügen, ist es aber sinnvoll, schon Vorschulkindern ein größeres Zimmer zu geben, damit sie auch alle ihre Spielsachen unterbringen können. Jüngere Kinder können sich durchaus ein Zimmer teilen – ein frei gewordenes Zimmer kann dann als Gäste- und/oder Arbeitszimmer genutzt werden.

Da Kinder vor allem auf dem Boden spielen, sollte das Zimmer möglichst wenig Möbel enthalten. Die Spielsachen sollten in der Höhe erreichbar sein und das Bett gemütlich; Etagenbetten nehmen zwei Kinder auf und brauchen nicht viel Platz. Möbel in Kleinformat zu kaufen bedeutet meist, am falschen Ende zu sparen: Es dauert nicht lange, und die Kinder brauchen den Stauraum, den normal große Schränke und Kommoden bieten.

Für Teenager ist ihr Zimmer ein Hort der Zuflucht, in dem sie sich gegen den Rest der Familie abgrenzen können. Sie brauchen nicht nur Bett und Schreibtisch, sondern auch Platz für Computer, Musikanlage und diverse Hobbys. Lassen Sie Ihr Kind bei der Gestaltung mitreden; so kann es bestimmen, was ihm gefällt, und seinem Reich gleich einen persönlichen Stempel aufdrücken.

> **Jüngere Kinder brauchen Platz für:** ein Bett, Stauraum für Kleidung, gut zugängliche Aufbewahrung für Spielzeug, Platz auf dem Boden zum Spielen.
>
> **Ältere Kinder brauchen Platz für:** ein Bett, Stauraum für Kleidung, Wand für Bilder und Schulnotizen, Schreibtisch und Stuhl.

HELL, FREUNDLICH UND LUFTIG ist dieses Babyzimmer, das sich später leicht anpassen lässt.

Die Schrankkommode bietet auch später noch Platz für größer werdende Kleidungsstücke.

Der Raum ist groß genug für ein normales Bett, wenn das Kinderbettchen ersetzt werden muss.

Eine weiche Brücke ist angenehm für das Spielen auf dem Boden.

Unter dem Bettchen gibt es zusätzlichen Stauraum.

BADEZIMMER

Badezimmer sind nicht mehr nur funktionale Räume, sondern Oasen der Ruhe. Große
Wannen bieten Entspannung und kraftvolle Duschen beleben den müdesten Langschläfer.

Das Bad ist oft der kleinste Raum im Haus, aber ungeachtet der Größe verlangt das Bad eine sorgfältige Planung. Sanitärkeramik – Wannen, Duschkabinen, Waschtische und WCs – wird in unüberschaubarer Vielfalt angeboten, und ist, einmal installiert, nur unter großem Aufwand wieder auszutauschen. Gegebenenfalls müssen Sie für eine neue Einrichtung sogar die Anschlüsse für Wasser und Abwasser umlegen, wenn das nicht überhaupt unmöglich ist.

Aber selbst wenn Sie die Installationen beibehalten, können Sie dem Raum einen ganz neuen Charakter geben, indem Sie hochwertige Sanitärkeramik und eine schicke Ausstattung wählen. Wenn möglich, planen Sie eine Wanne und eine extra Dusche; es sollte aber immer so viel Platz bleiben, dass man sich nicht eingeengt fühlt. Mehr Platz entsteht, wenn Sie ein Extra-WC besitzen und auf die Toilette im Bad verzichten. Diese Lösung bietet sich gerade für turbulente Familien an, in denen das Bad morgens und abends stark frequentiert ist. Wichtig ist auch genügend Stauraum für Handtücher und Toilettenartikel, etwa in einem Schrank unter dem Waschtisch.

AUCH BEI KNAPPEM PLATZ ist es wichtig, dass ein Bad nicht nur alle notwendigen Elemente enthält, sondern auch ein Ort der Entspannung ist.

In kleinen Bädern sorgen uni weiße Wände für ein Gefühl von Leichtigkeit und Weite.

Zwei in eins: Über der Badewanne ist die Duscharmatur angebracht.

Ebenfalls doppelt genutzt: der Heizkörper, der als Handtuchtrockner dient.

Praktisch, wasserfest, leicht zu reinigen – und nicht so kalt wie Fliesen: PVC-Boden.

Holz für einen Hauch Luxus: die satte Farbe sorgt für einladende Wärme.

EXTRARÄUME

Wenn Sie das Glück haben, über ein zusätzliches Zimmer zu verfügen, nutzen Sie es klug! Ideal ist es, wenn sich die Einrichtungen an die sich ändernden Bedürfnissen der Bewohner anpassen können, etwa an die Ankunft eines Babys oder die Möglichkeit, von zu Hause aus zu arbeiten.

Esszimmer werden meist nur am Wochenende oder zu besonderen Gelegenheiten genutzt. Mit der richtigen Einrichtung aber können sie sich in ein Arbeits-, Spiel- und Hausaufgaben- und sogar in ein Gästezimmer verwandeln.

Lassen Sie Gästezimmer nicht leer stehen, sie können Schränke oder Bücherregale aufnehmen oder als separates Arbeitszimmer dienen. Wenn der Platz knapp ist, können Schuppen oder Garagen in Waschküchen oder Arbeitszimmer umgewandelt werden, um dringend gebrauchten Raum im Haus freizumachen.

In Räumen, die mehr als einem Zweck dienen, empfiehlt es sich, die einzelnen Zonen optisch zu trennen. Ein gezielt platziertes Regal kann den Arbeitsbereich vom Rest des Wohnzimmers abschirmen. Eine mobile oder fest installierte Kücheninsel trennt Arbeits- und Essbereich. Wandschirme verbergen Aktenordner an einem Arbeitsplatz oder im Gästezimmer.

PLATZ TEILEN

Familien brauchen flexible Einrichtungen. Wenn die Kinder älter werden, ändert sich die Funktion ihrer

Das Bücherregal dient als praktische Unterteilung und schirmt den Arbeitsplatz vom übrigen Raum ab. Der zusätzliche Stauraum ist von beiden Seiten aus zugänglich.

Ein Platz für Kinder: Auch im Wohn- oder Esszimmer lässt sich leicht ein Extrabereich für Kinder einrichten, wie hier mit einem Klapptisch. Hier können sie malen und gleichzeitig in der Nähe der Eltern sein. Nach Gebrauch wird die Platte einfach heruntergeklappt.

Zimmer. Versuchen Sie, auf die Bedürfnisse aller einzugehen, sodass gemeinsam nutzbarer Raum ebenso wie genügend Privatsphäre entsteht.

PLATZ MIT KINDERN TEILEN

Jüngere Kinder möchten den Eltern nahe sein und schätzen einen „Spielplatz" in Küche oder Wohnzimmer. Vor allem bei mehr als einem Kind sollten Sie eines der größeren Zimmer zum gemeinsamen Kinderzimmer machen, damit sie genügend Platz zum Spielen haben und Stauraum zum Aufräumen bleibt.

Ältere Kinder brauchen einen Ort, um in Ruhe Hausaufgaben zu erledigen, wenn sie das nicht in der Küche oder am Esstisch tun sollen. Außerdem benötigen sie Platz zum Spielen, Entspannen und für den Besuch von Freunden – außerdem Stauraum für ihre persön-

lichen Sachen, etwa eine Kommode für Sportsachen oder auch eine Pinnwand für ihre Kunstwerke.

PLATZ MIT EINEM PARTNER TEILEN

Gemeinsame Schlafzimmer und Badezimmer verlangen immer Kompromisse, was Privatsphäre und die Wahl der Einrichtung angeht. Wenn einer von Ihnen von zu Hause aus arbeitet, müssen Sie sich einigen, wo die Bürosachen untergebracht werden. Platz für Besucher ist ebenfalls wichtig; selbst wenn Sie fast immer zu zweit zu Abend essen, möchten Sie vielleicht ein größeres Ess- oder Wohnzimmer, um auch einmal genügend Platz für Gäste zu haben. Einigen Sie sich darauf, was wo verstaut wird, aber bleiben Sie flexibel und akzeptieren Sie, dass Ihre Bedürfnisse und Wünsche vielleicht differieren.

MASS NEHMEN UND PLÄNE ZEICHNEN

Damit ein Raum allen Bedürfnissen gerecht wird, muss er sorgfältig geplant werden. Um die Ideen umsetzen zu können, müssen Sie vor allem genau wissen, wie viel Platz Sie zur Verfügung haben.

EINEN PLAN ZEICHNEN

Wenn Sie einen genauen, maßstabsgerechten Plan Ihres Raumes zeichnen, können Sie mit verschiedenen Möbelarrangements experimentieren, um die praktischste und ansprechendste Lösung zu finden. Achten Sie darauf, dass die Maße genau stimmen, damit Sie keine unliebsamen Überraschungen erleben. Im Folgenden ein paar nützliche Hinweise für die Zeichnung:

FÜR DEN ANFANG

Der richtige Maßstab: Für Wohnzimmer und Schlafzimmer genügt meist ein Maßstab von 1:50, d. h. 2 cm in Ihrem Plan entsprechen 1 m in Ihrem Raum.

MASS NEHMEN

Zeichnen Sie zuerst eine grobe Skizze auf ein Blatt Papier. Messen Sie Länge und Breite des Raumes ab, und tragen Sie die Werte in die Skizze ein. Gehen Sie dann mit Zollstock oder Rollmaß den Raum ab, und nehmen Sie die Maße folgender Elemente:

☐ Fenster und Türen, einschließlich des Platzbedarfs der Türen, die in den Raum hinein aufgehen.
☐ Vorstehende Kamine, Kaminmäntel oder sonstige Mauervorsprünge.
☐ Vorhandene Anschlüsse für Strom und Telefon, Steckdosen und Lichtschalter.
☐ In Küche und Bad: Anschlüsse für Frisch- und Abwasser.
☐ Alles was sonst noch berücksichtigt werden muss, etwa Einbaumöbel oder unterschiedliche Bodenebenen.

Übertragen Sie die Maße dann mit Bleistift und Lineal auf Karo- oder Diagrammpapier. Achten Sie darauf, dass Sie kein Detail übersehen.

WIE IHNEN DER PLAN HELFEN KANN

Einrichten auf Probe Basteln Sie sich Modellmöbel, indem Sie sie maßstabsgetreu auf Karopapier zeichnen und ausschneiden. Legen Sie die Papiervorlagen auf den Plan, und spielen Sie mit verschiedenen Varianten, bis Sie die richtige gefunden haben. Auf diese Weise finden Sie heraus, wie Ihr Raum am besten funktioniert, ohne schwere Möbel herumwuchten zu müssen oder Fehlkäufe zu riskieren.

Laufwege markieren Überlegen Sie, wo Sie und Ihre Gäste sich im Raum bewegen und wie Sie ihn durchqueren (wollen). Das hilft Ihnen dabei, die Möbel richtig zu platzieren. Ein Raum mit gegenüberliegenden Türen sollte zum Beispiel einen direkten Verbindungsweg zwischen den Türen besitzen; in einem Esszimmer sollte so viel Platz sein, dass alle beim Aufstehen vom Tisch den Stuhl weit genug nach hinten schieben können.

Der Platz für die Türen Schauen Sie sich an, wie weit die Türen beim Öffnen und Schließen „ausholen", damit Sie nicht versehentlich Möbel in den Weg stellen.

CHECKLISTE

Das brauchen Sie:
- DIN A4-Karopapier
- Rollmaß oder Meterstab
- Bleistift
- Lineal
- Radiergummi

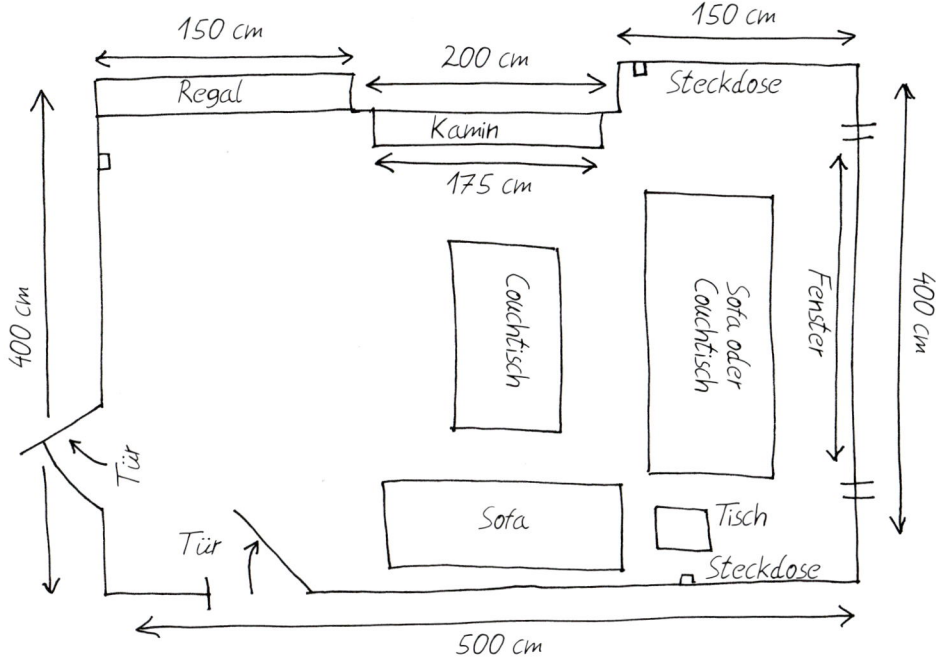

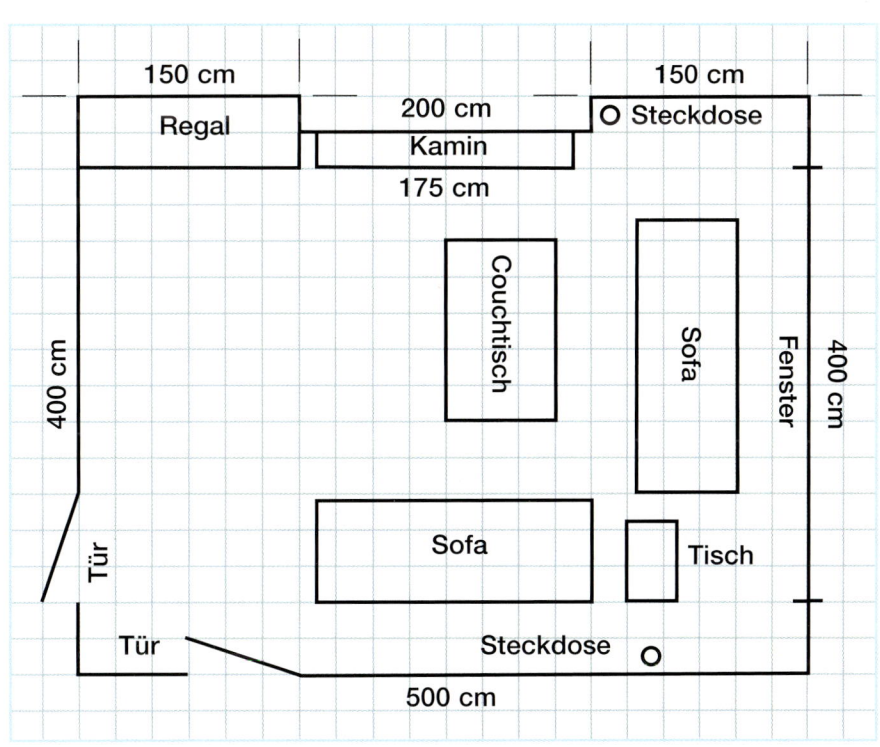

WIE EIN RAUM AM BESTEN FUNKTIONIERT

Listen erstellen mit allen Anforderungen an einen Raum und genaue Pläne zeichnen – das sind unerlässliche Schritte in der Einrichtungsplanung. Ebenso wichtig ist es, sich zu überlegen, wie sich die Einrichtung im Alltag bewähren wird.

Ein Raum ist nicht statisch. Er hat bewegliche Elemente, Stühle zum Beispiel, aber auch Türen (Zimmer- und Schranktüren), Schubladen, Rollos, Fensterläden, Gardinen und Vorhänge, die zugänglich sein müssen und einen gewissen Zusatzplatz beanspruchen, um bewegt, geöffnet oder geschlossen werden zu können. Bedenken Sie obendrein, dass der Raum ein Ort voller Leben ist, für Menschen und all ihre Ansprüche gemacht. Wer sich im Raum aufhält, verändert ihn ständig, indem er Möbel benutzt und verrückt – von morgens bis abends.

Wählen Sie die Möbel so aus, dass sie zur Größe des Raumes passen, dass sie die ihnen zugedachte Funktion erfüllen und Ihnen gefallen. Im Abschnitt „Designträume für jedermann" finden Sie mehr Informationen über die richtige Wahl der Möbel.

ARRANGIEREN DER MÖBEL

Die Grundregeln zum Verteilen der Möbel sind simpel:
- ☐ Das Zentrum des Raumes festlegen
- ☐ Die Möbel darum herum aufstellen
- ☐ Etwas Platz freilassen

Etwas Platz zu lassen erlaubt es dem Raum, zu „atmen"; außerdem haben Bewohner und Gäste es leichter, sich im Raum zu bewegen.

Berücksichtigen Sie auch, wie der Raum beim Eintreten aussieht. Von der Tür aus die Rückseiten von Möbeln zu sehen kann abweisend wirken. Wenn ein Raum in einen anderen übergeht, sollten Sie im Übergangsbereich genügend Platz lassen, um den Fluss zwischen den Räumen zu gewährleisten – 1 m Breite genügt in der Regel als Durchgang.

Der schräg dem Sofa gegenüber stehende Sessel lockert die Sitzgruppe auf. Mit dem runden Couchtisch kann der Raum im Fluss bleiben.

WOHNZIMMER

Gruppieren Sie Sitzmöbel so, dass sie zum Plauschen einladen, und sorgen Sie für genügend Abstellflächen für Lampen, Gläser und Bücher. Hauptziel ist es, eine Atmosphäre zu schaffen, die zum gemütlichen Beisammensein, aber auch zum Entspannen einlädt.

⊕ Genügend Sitzgelegenheiten für Gäste schaffen – die Möbel sollten frontal zur Tür stehen – Beistelltische nie weiter als 45 cm vom Sofa weg platzieren, damit sie von dort gut zu erreichen sind.

⊖ Die Sitzmöbel an die Wand rücken; der Raum würde an ein Wartezimmer erinnern, und der Abstand wäre zu groß für eine entspannte Unterhaltung.

DIESES GEMÜTLICE WOHNZIMMER ist lässig und einladend eingerichtet.

Das Sofa blickt direkt auf die Tür, der Couchtisch ist vom Sofa aus gut zu erreichen.

Viele Abstellflächen bieten sich für Gläser oder Tassen an.

Der Sessel gegenüber hat genau den richtigen Abstand für ein entspanntes Plaudern mit den Gästen.

KOCHEN UND ESSEN

In Küchen und Esszimmern brauchen Sie Stauraum für leicht erreichbare Utensilien wie Gläser, Geschirr und Tischwäsche. Der Essplatz muss so gestaltet sein, dass Gäste bequem um den Tisch herum sitzen können und genügend Platz zum Aufstehen haben.

⊕ Genügend Platz hinter den Stühlen lassen (70–100 cm) – und für das Bedienen von Geräten, etwa 65 cm für das Öffnen des Backofens.

⊖ Zu viele Stühle um den Tisch stellen, so dass die Gäste sich eingeengt fühlen – Möbel so platzieren, dass sie den Zugang zu Schranktüren verstellen.

DIESER GROSSZÜGIGE WOHN- UND ESSBEREICH ist optisch klar gegliedert. Trotz der vielen Funktionen, die der Raum zu erfüllen hat, bleibt um den Tisch so viel Platz, dass die Gäste bequem sitzen können.

Tief hängende Leuchten schaffen Stimmung und spenden Helligkeit dort, wo sie gebraucht wird – am Tisch.

Optische Trennung: weiße Wände in der Küche, rote im Essbereich.

Ein Konsolentisch an der Wand bietet zusätzliche Abstellfläche für Tischzubehör und Getränke.

SCHLAFZIMMER

Im Schlafzimmer kommt es darauf an, dass das Bett die richtige Größe hat und dass Sie und Ihr Partner bequem hineinschlupfen können. Achten Sie darauf, dass genügend Platz bleibt, um Schubladen und Schranktüren zu öffnen.

⊕ Vor Schränken und Kommoden etwa 80–100 cm Platz lassen – Schiebetüren für die Schränke wählen, wenn zu wenig Platz ist.

⊖ Zu viele Möbel aufstellen; man braucht Raum, um sich bewegen und umziehen zu können; Doppelbetten müssen beidseitig zugänglich sein.

IN DIESEM SCHLAFZIMMER zieht das moderne Chromhimmelbett die Blicke auf sich. Trotz seiner Größe lässt es rechts und links genügend Platz.

① Schlichte Schönheit: Ohne Stoffüberhänge kommt das schicke Gestänge am besten zur Geltung.

② Möbel mit Spiegeleffekt reflektieren das Licht im Raum und lassen ihn so größer wirken.

Zwei kleine verspiegelte Nachtkästchen dienen als Ablagefläche und Aufbewahrung für Kleidung, sodass eine große Kommode überflüssig wird.

④ Damit der Raum nicht überfüllt wirkt, sind die übrigen Möbel klein und unaufdringlich.

ARBEITEN ZU HAUSE

Arbeitsplätze zu Hause benötigen viel Stauraum und natürlich Tisch und Stuhl. Ist der Platz begrenzt, nutzen Sie die vorhandene Wandfläche für Regale. Um bequem sitzen zu können, brauchen Sie hinter dem Tisch noch mindestens 70 cm Platz für den Stuhl.

⊕ Möglichst viele Steckdosen und ein Telefonanschluss am Schreibtisch – eine optische Abschirmung zum übrigen Raum, etwa eine Spanische Wand.

⊖ Offen sichtbarer Bürokram in Ess- oder Schlafzimmer.

EIN HOMEOFFICE lässt sich auf kleinstem Raum verwirklichen. Messen Sie alles sorgfältig aus, und stellen Sie sicher, dass Sie alles unterbringen, was Sie brauchen.

Gutes Licht ist zum Arbeiten unerlässlich; diese bewegliche Schreibtischlampe spendet Helligkeit am Abend oder an regnerischen Tagen.

Papiere und Unterlagen verschwinden in Regalen und im Wandbord.

Einfache Klappmöbel lassen sich rasch verstauen, wenn sie nicht gebraucht werden, eignen sich aber nicht zum langen Sitzen.

BADEZIMMER

Bäder müssen besonders sorgfältig ausgemessen und geplant werden, bevor die Einrichtung bestellt und mit den Arbeiten begonnen werden kann: Ist die Sanitärkeramik erst einmal installiert, lässt sich nichts mehr so leicht ändern. Bestehende Wasseranschlüsse geben möglicherweise die Gestaltung vor.

⊕ Um die Sanitärkeramik herum genügend Platz lassen (siehe Kasten rechts).
⊖ Ausladende Elemente in ein kleines Bad bauen; Sie können sie nicht bequem nutzen.

Übliche Maße und Platzbedarf

Wannen: Länge etwa 152–170 cm, Breite 70–76 cm. Wenn möglich, etwa 70 cm Platz an der Längsseite lassen.

Duschen: meist 90 x 90 cm; davor etwa 70 cm Platz lassen.

WCs: etwa 70 cm in der Länge; zusätzlicher Platzbedarf etwa 60 cm.

Waschtische: gibt es in den unterschiedlichsten Formen und Maßen, sodass mit Sicherheit für jedes Bad ein passender zu finden ist. Lassen Sie auch hier unbedingt mindestens 70 cm Platz davor, damit Sie bequem stehen und sich bewegen können.

MIT EINEM DURCHDACHTEN PLAN, der genügend Stauraum sowie eine klug eingepasste Dusche einschließt, entsteht ein Bad, das Ihnen viel Freude bereiten wird.

① Eine abgerundete Ecke nutzt den Platz gut aus, ohne mit einer scharfen Kante zu stören.

Handtücher und Toilettenartikel müssen nicht versteckt werden: Die offene Aufbewahrung braucht obendrein keinen Platz zum Öffnen von Türen.

Aufruf zur Ordnung: Dieser Wäschekorb nimmt nicht viel Platz weg: Alle Familienmitglieder können ihre Schmutzwäsche ohne Umstände verschwinden lassen.

MANSARDENZIMMER

Das Dachgeschoss als Wohnraum zu nutzen, bringt oft einen erheblichen Zugewinn an Raum, Ausbau und Nutzung wollen aber sorgfältig geplant sein. Dachzimmer in älteren Häusern sind oft eng und niedrig und haben meist nur ein kleines Fenster. Moderne Varianten bieten meist mehr Platz, erfordern aber ebenfalls eine gute Planung.

Der wichtigste Punkt ist die optimale Raumnutzung. Ein Schreibtisch passt vielleicht unter den Kniestock, aber können Sie daran sitzen? Das Bett steht vielleicht gut unter dem Mansardenfenster, aber können Sie daraus aufstehen, ohne sich den Kopf zu stoßen? Überprüfen Sie auch vor dem Bestellen, ob das gewählte Möbelstück über eine enge Treppe in den Raum gebracht werden kann.

Die Möbel sollten um den lichtesten Punkt des Zimmers herum angeordnet werden, sodass ein Erwachsener bequem in der Mitte des Zimmers stehen kann. Wenn das nicht möglich ist, richten Sie ein Fernseh-,

Räume mit Dachschrägen eignen sich durchaus als Badezimmer, achten Sie aber darauf, dass die Dusche genügend Kopffreiheit bietet.

Perfekter Stauraum: Das Regal in der Dachschräge hält Toilettenartikel und Handtücher gleich neben dem Wascbecken griffbereit.

Blick fürs Detail

Maßangefertigte Möbel füllen den Raum natürlich exakt aus. Mit ein wenig Glück finden Sie aber auch fertige Aufbewahrungsmöglichkeiten, die sich einpassen lassen. Für niedrige Nischen eignen sich am besten Würfel, aber auch Flechtkörbe oder Metallregalsysteme sollten Sie in Betracht ziehen.

ein Spielzimmer oder einen Lagerraum für die Wintersachen ein. Ist das Dachzimmer klein, verwenden Sie für Wände und Decke die gleiche Tapete oder Wandfarbe, dann treten die schrägen Winkel in den Hintergrund. Landhausambiente schaffen Sie zum Beispiel mit einer Toile-de-Jouy-Tapete an Wänden und Decke.

Ein lichtloses Zimmer, das hell gestrichen ist, wirkt heller und luftiger. Die Fenstergestaltung sollte einfach sein; besser als Schals sind Kaffeehausgardinen oder Rollos, die am meisten Tageslicht durchlassen.

Das Bett steht in der Mitte dieses Mansardenzimmers, um die lichteste Stelle des Raumes zu nutzen, sodass es von beiden Seiten gleichermaßen zugänglich ist. Die stark gemusterte Tapete lenkt den Blick auf die Dachschräge und macht auf diese Weise die eigenwillige Architektur zum Thema.

Nischen

Nischen sind ideale Stauräume. Sie eignen sich für versenkte Bücherregale oder zum Aufstellen von Lieblings-(Kunst-)Gegenständen, Fotos oder Bildern. Auf Maß angefertigte Regale sollten möglichst den ganzen zur Verfügung stehenden Raum ausfüllen und robust genug sein, um alles zu tragen, was Sie darauf stellen möchten. (Mehr Ideen dazu im Abschnitt „Der letzte Schliff", Seite 210).

Die zwei schlichten, massiven Regalbretter schmiegen sich wie angegossen in diese Nische und präsentieren allerlei Dekoratives.

RAUM UND PLATZ

Große und kleine Räume bedürfen gleichermaßen sorgfältiger Planung, ganz gleich ob es darum geht, möglichst viel Stauraum in einer Miniküche zu schaffen oder ein geräumiges Wohnzimmer so zu gestalten, dass es allen Familienmitgliedern gerecht wird.

Ein Raum gilt als klein, wenn eine der beiden Seiten kürzer als 3 m ist, als groß, wenn eine der Seiten mehr als 10 m misst. Ein großer Raum funktioniert manchmal besser, wenn er in Bereiche unterteilt ist, sodass kein Platz vergeudet wird. Schaffen Sie Mehrzweckräume: Ein Wohnzimmer erhält eine Bibliothek, ein Esszimmer einen Fernsehplatz, eine große Küche wird zur Wohnküche und ein Arbeitsplatz findet häufig noch einen Winkel in einem großen Wohn- oder Esszimmer.

In einem kleinen Raum bietet die Bodenfläche meist nicht viel Platz, nutzen Sie also die Wände bis zur Decke als Stauraum. Der tote Winkel über einer Tür beispielsweise ist ideal für ein kleines Bücherregal, und haushaltsübliche Wäschetrockner, an der Decke befestigt, nehmen jede Menge Zubehör auf.

Mit einem maßstabsgetreuen Plan finden Sie ganz einfach heraus, wie die Möbel am besten in den Raum passen, ohne dass Sie sie gleich bestellen und dann mühsam hin- und herschieben müssen.

DIESER LANGGESTRECKTE RAUM ist in zwei Bereiche unterteilt, die barrierefrei ineinander übergehen: einen zum Entspannen und einen zum Essen.

Lehnsessel am Esstisch verbinden den Essbereich optisch mit dem Wohnzimmer.

Freundlich und leger: der runde Tisch.

Das Stoffmuster sorgt ebenfalls dafür, dass die beiden Bereiche wie aus einem Guss wirken.

DIESE KÜCHE ist kaum größer als eine Schiffs-kombüse.

Kein Quadratzentimeter wird verschenkt: eine Serie gerahmter Familienfotos.

Eine Stange, direkt unter der Decke angebracht, ist der beste Aufbewahrungsort für große Pfannen.

Kleine Regale an der Wand nutzen den Platz optimal für Lebensmittel, die nicht nass werden dürfen.

Das maßgefertigte Metall-regal füllt den Raum vor dem Küchenfenster aus und nimmt Geschirr, Gläser und Vorräte auf.

BAULICHE BESONDERHEITEN

Bauliche Besonderheiten in einem Haus können groß oder klein sein und von einer Treppe oder einem Kamin bis zu Deckenrosetten oder verzierten Türen reichen. Deckenbalken, alte Kamine oder schräge Decken in älteren Häusern können sowohl Segen als auch Fluch sein. Als eigens hinzugefügtes Element verleihen sie kargen modernen Räumen jedoch Charakter.

KAMINE

Glücklich, wer einen Kamin in einem Raum vorfindet – damit ist die Frage nach dem zentralen Punkt des Raumes, um den sich alles gruppiert, schon einmal geklärt. Ein Kamin strahlt Wärme und Licht aus, und auf seinem Sims lassen sich wunderbar Dekogegenstände und/oder Bilder aufstellen.

EINEN ALTEN KAMIN WIEDER IN BETRIEB NEHMEN

Kamine können sehr einladend wirken, aber auch abstoßend und schmutzig, wenn sie nie benutzt werden. Wenn Sie das Feuer nie anzünden wollen, weil Sie den Schmutz scheuen, wählen Sie einen modernen Gas- oder Elektrokamin. Alte elektrische Kamine sollten durch neue oder moderne Allesbrenner ersetzt werden, die es in allen erdenklichen Designs gibt, von traditionell bis hochmodern.

Wenn Ihnen die Ummantelung des Kamins nicht gefällt – es gibt zahllose Alternativen in Holz, Stein oder Eisen. Sie können auch gleich den ganzen Kamin ersetzen, mitsamt Rost, Umrandung und dem Bodenschutz davor. Es wird zumeist empfohlen, den Kamin dem Stil der Architektur Ihres Hauses anzupassen; ein modernes Exemplar in einem Altbau kann aber auch reizvoll sein, vorausgesetzt, die übrige Einrichtung ist ebenfalls modern.

Sollte der alte Kamin nicht mehr in Gang gesetzt werden können, bleiben Umrandung und Bodenschutz stets ein Blickfang im Raum – auch wenn kein Feuer mehr brennt. Nutzen Sie den Platz für Vasen, dekorative Kugeln oder sogar eine Lichterkette in der Nische, und hängen Sie Spiegel oder Bilder darüber.

Genial einfach

Ein erloschener Kamin erstrahlt in neuem Glanz, wenn die Umrandung aus Holz oder Eisen gesäubert und poliert wird. Eine Schicht Farbe auf einer abgenutzten Holzumrandung macht aus einer unansehnlichen Feuerstelle im Handumdrehen einen tollen Blickfang.

EINEN NEUEN KAMIN INSTALLIEREN

Ein Kamin verleiht jedem Wohnzimmer einen ganz besonderen Charakter. Natürlicher Standort für einen Kamin ist die Mitte der Stirnwand. Damit der Kamin das Herzstück des Raumes werden kann, muss davor genügend Platz sein für ein Sofa, für bequeme Sessel und einen Couchtisch.

Es sind unzählige verschiedene Designs im Handel erhältlich, ob traditionell, modern oder schlicht. Bei zahlreichen modernen Kaminvarianten wird sogar der Abzug entbehrlich: Kamine, die mit Gel oder Bioalkohol funktionieren, können praktisch an jeder Wand angebracht werden.

ZENTRALER BLICKFANG im Wohnzimmer: die offene Feuerstelle mit einfachem Rost und einer Umrandung in schlichtem Offwhite.

Der große rechteckige Spiegel mit dem breiten Holzrahmen passt in Proportion und Stil genau zum Kamin.

Komfort und kuschelige Gemütlichkeit: die Sitzgruppe direkt am Feuer.

IN DIESEM MODERNEN Wohnzimmer ist der alte Kamin durch Anstrich und Dekoration zum Schmuckelement geworden.

Der Rauchabzug ist der richtige Ort für ein schönes Gemälde.

Die ungenutzte Nische wurde in kühlem Blau passend zu den Wänden gestrichen; die Holzscheite deuten die ursprüngliche Nutzung an.

Eine Sammlung eleganter, moderner Vasen vor dem Kamin flankiert die Nische.

TREPPEN

Die meisten Häuser oder Maisonetten besitzen eine Treppe, die aber bei der Gestaltung von Diele oder Flur oft vernachlässigt wird. Der Raum um sie herum eignet sich aber ideal als Stauraum oder Dekorationsfläche.

Eine Treppe zu ersetzen ist eine aufwendige Sache. Zahlreiche Bauvorschriften sind zu beachten, von der Höhe der Stufen bis hin zum Abstand zwischen den Geländerpfosten. Wenn Sie also nicht wirklich dringend eine neue brauchen, sollten Sie versuchen aus der bestehenden das Beste zu machen. Aus Sicherheitsgründen brauchen Treppen Geländer, manche Bodenbeläge sind wegen Rutschgefahr nicht geeignet.

Insiderinfo

Falls Sie nicht gerade Marmorstufen besitzen, ist das Geländer das auffälligste Merkmal einer Treppe. In älteren Häusern sind die Geländer manchmal verkleidet. Schauen Sie doch mal, ob sich nicht schöne gedrechselte Pfosten unter der langweiligen Verkleidung verbergen.

DIESE KOMPAKTE KÜCHE ersetzt einen Einbauschrank in der Nische unter einer Treppe. Die maßgefertigten Möbel nutzen den vorhandenen Raum effektiv aus.

Die Blende unterstreicht auf geschickte Weise die Schräge der Treppe.

Die gleiche Wandfarbe in der Nische sorgt dafür, dass der Raum unter der Treppe sich optisch zum Zimmer hin öffnet.

NEUTRALE FARBEN und ein hochglänzendes Geländer machen diese Treppe hell, freundlich und einladend.

Eine Kollektion von Familienfotos in Holzrahmen geleitet den Blick nach oben.

Die Pfosten wurden abgeschliffen und lackiert; ein besonderer Blickfang ist der gedrechselte Abschlusspfosten.

LICHT FÜRS TREPPENHAUS

Polieren bringt Holzgeländer zum Strahlen. Wenn das Holz nicht mehr schön ist – oder wenn Sie ein rustikales Flair wünschen –, streichen oder beizen Sie es in einem hellen Farbton, der zur Umgebung passt.

Peppen Sie eine langweilige, düstere Treppe mit wirkungsvoller Beleuchtung auf. Licht von oben macht die Treppe nicht nur sicherer, es wirkt auch freundlich und einladend. Wirkungsvoll und schick sind Treppen mit offenen Stufen, die von unten beleuchtet werden. Die Wände einer Treppe eignen sich perfekt für Fotos: Hierher gehört die Familiengalerie; Bilder, die jeder sehen darf auf dem Weg nach oben.

Wenn die Treppe direkt in einen Wohnraum mündet, achten Sie darauf, dass sie nicht zu dominant wird, indem Sie sie in einer dezenten Farbe halten. Integrieren Sie sie, indem Sie den Platz darunter als erweiterten Wohn- oder Stauraum nutzen.

Vielleicht möchten Sie die Treppe aber auch als besonderes bauliches Merkmal hervorheben und ihre diagonale Struktur betonen. Statt Teppich oder Holz (das sehr laut ist) können Sie auch einen Läufer verlegen. Läufer gibt es in zahlreichen Varianten, vom bunt gestreiften Teppich bis zur Sisalmatte. Streichen Sie Auftritt und Setzstufe entweder passend zum Holz oder in einer Kontrastfarbe.

BALKEN UND LEISTEN

Balken und Zierleisten spielen eine große Rolle für die Gestaltung von Räumen, vor allem in älteren Gebäuden. Stuckleisten und -friese in Kehlen oder Fußleisten verbinden Wände, Decke und Boden optisch miteinander und erlauben so einen fließenden Übergang zwischen allen Oberflächen des Raumes.

Die Decke in diesem ländlichen Schlafzimmer wurde weiß gestrichen, um die Deckenbalken hervorzuheben. Zartes Flieder an den Wänden und weiße Vorhänge lassen den Raum frisch wirken und schaffen ein traditionelles Flair, das zum Alter des Hauses passt.

STUCKATUREN UND ANDERE VERZIERUNGEN

Ältere Häuser wirken oft unvollständig, wenn Verzierungen von Wänden und Türen entfernt wurden. Beim Restaurieren sollten fehlende Bestandteile ergänzt werden, möglichst passend zu den bestehenden Zierelementen.

In modernen Häusern sollte man mit Verzierungen vorsichtig umgehen, zu viel des Guten kann dort leicht übertrieben wirken. Eine dezente Zierleiste in einem schlichten, kargen Raum hat aber durchaus ihre Reize. Schmale Fußleisten lassen sich verbreitern, indem darüber eine breitere Leiste mit Profil angebracht und beides anschließend in derselben Farbe gestrichen wird.

Lockerer Landhauscharme: Die hellblaue Nut-und-Feder-Verkleidung verleiht diesem Eingangsbereich eine interessante Note.

Ebenso können Sie mit einfachen Tür- und Fensterverzierungen verfahren. Türen oder Fenster werden auf diese Weise zum Blickfang; die Verzierung macht einen ansonsten schmucklosen Raum reizvoller.

In modernen Häusern haben Sockel- und Bilderleisten meist nur dekorative Funktion. Sie eignen sich gut, um große Flächen an langen Wänden optisch zu unterteilen.

BALKEN

Balken in alten Häusern oder ausgebauten Scheunen sollten sichtbar sein. Am besten wirkt es, wenn Sie die Wände in einem neutralen Ton halten; zeigen sowohl Decke als auch Wände Balken, hängen Sie nicht zu viele Bilder auf. Überstrichene Balken können durch fachmännisches Sandstrahlen ihre natürliche Farbe wiedererhalten.

VERTÄFELUNGEN

Wenn Sie bei Holzvertäfelungen an die kunstvoll verzierten Paneele historischer Bauten denken, liegen Sie nicht ganz falsch. Aber auch eine Verkleidung aus Nut-und-Feder-Brettern aus günstigem Weichholz wie Kiefer, die in jedem Baumarkt erhältlich ist, ist relativ einfach anzubringen. Sie kann halbhoch als Sockel eingesetzt werden, bis zur Bilderleiste oder in voller Wandhöhe, und sorgt für reizvolle Effekte in Küchen, Fluren oder Bädern. Unschöne Wände lassen sich damit verdecken, aber auch Leitungen und Isolierungen, und Sie können sie in jeder beliebigen Farbe streichen.

PRAXISTIPPS
EIN ZIMMER,
DREI VARIATIONEN

Wenn Sie das Gefühl haben, Sie könnten mehr aus Ihren
Räumen machen oder wenn Sie die Nutzung eines Raumes
ändern möchten, schauen Sie sich diese intelligenten
Einrichtungslösungen an. Der Raum ist jeweils derselbe,
nur Möbel und Gestaltung variieren.

1 WOHNZIMMER, 3 VARIATIONEN

Platzmangel? Öffnen Sie Ihr Wohnzimmer für die ganze Familie, integrieren Sie einen Ess- oder einen Arbeitsplatz, und Sie werden sehen: Raum ist in der kleinsten Hütte.

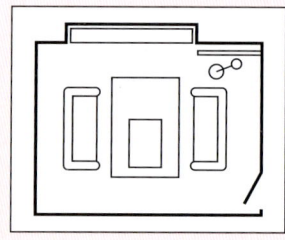

Familienspaß

Jede Menge Stauraum für Spielsachen macht diesen Raum zu einem idealen Familientreffpunkt – flugs aufgeräumt, wird wieder eine Ruhezone für Erwachsene daraus. Als Stauraum dient hier die Nische unter dem Fenster. Für optische Ruhe sorgen die Flächenvorhänge, die Krimskrams am Fenster verbergen.

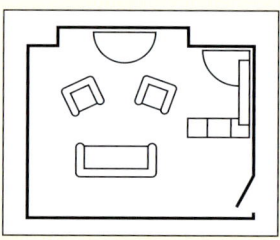

Arbeitsplatz

Die Ecke funktioniert perfekt als Homeoffice, ohne die Sitzgruppe zu stören. Die Möbel sind so ausgewählt, dass sie im Wohnbereich nicht auffallen; der zierliche Lehnsessel dient als Schreibtischstuhl, das Bücherregal als Raumteiler.

Unterhaltung

Einen deutlichen Akzent setzt die tapezierte Wand im Essbereich, der Wohnbereich liegt im Lichteinfall des Fensters. Das Regal ist teils offen für Dekoratives, teils geschlossen für Tischutensilien. Das große, weiße Sofa dient als „natürlicher" Raumteiler.

1 ESSPLATZ, 3 VARIATIONEN

Große Wohnküchen oder Esszimmer sind für alles und alle da: als Familientreffpunkt, für den Gästeempfang und sogar als Arbeitsplatz für zu Hause.

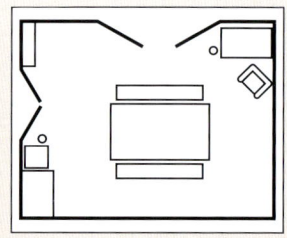

Zu Hause arbeiten

Möbel aus gleichem Holz und in gleicher Machart verleihen dem Raum ein einheitliches Aussehen. Das Regal nimmt sowohl Bürounterlagen als auch Tischutensilien auf, der lange Esstisch dient auch als zusätzliche Arbeitsfläche. Die Bürosachen verschwinden einfach hinter den Schranktüren, wenn sie nicht gebraucht werden.

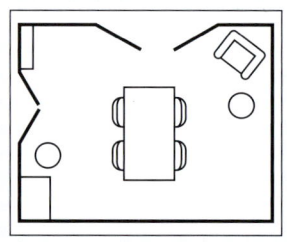

Glanz und Glamour

Der Essplatz ist zur Küche hin offen, der bewusste Einsatz von Mustern und Farben verleiht ihm Eleganz, insbesondere wenn abends die Vorhänge zugezogen sind. Das Sideboard neben dem Fenster enthält Geschirr und Besteck, mit dem fahrbaren Beistelltisch können allerlei Dinge bequem transportiert werden.

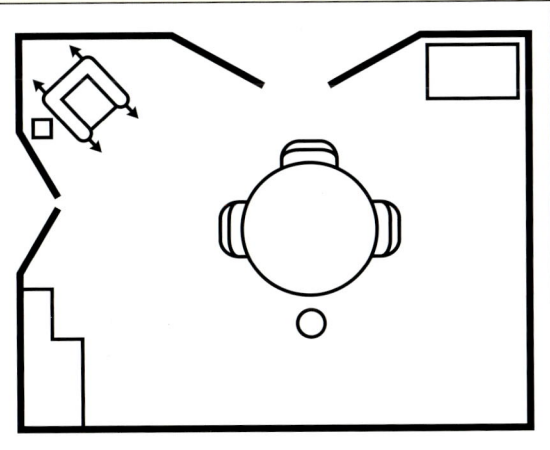

Zeit für die Familie

Die flexibelste Lösung: An einen runden Tisch passt immer noch ein Stuhl mehr, sodass auch Gäste Platz haben. Hocker nehmen weniger Raum ein als Stühle, lassen also noch mehr Tischnachbarn zu. Der Schaukelstuhl verbreitet Gemütlichkeit – Mütter mit Babys werden sich freuen. Der Kindertisch steht für die etwas größeren Kleinen zum Malen und Basteln bereit.

1 WINTERGARTEN, 3 VARIATIONEN

Ein Wintergarten lässt viele Nutzungen zu – ob gemütliches Essen mit Gästen oder lässige Entspannung; und er verbindet auf elegante Weise Drinnen und Draußen.

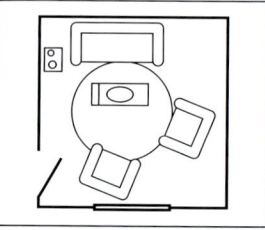

Platz an der Sonne

Dieser Wintergarten wurde zum entspannten Beisammensein mit Gästen eingerichtet. Korbmöbel sind eine gute Wahl für Wintergärten, da sie in der Sonne nicht ausbleichen. Die Pinoleum- oder Holzstabrollos filtern das Sonnenlicht, sodass es nicht blendet. Sofa und Sessel gruppieren sich um einen Couchtisch, auf dem sich bequem Tassen und Gläser abstellen lassen.

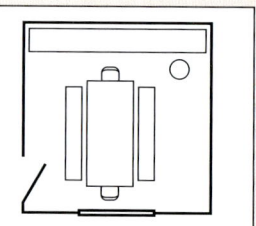

Frisch und modern

Ein Wintergarten ist der ideale Ort für einen Essplatz. Die modernen Eichenmöbel haben gerade Kanten und lassen genug Bewegungsfreiheit. Die eingebaute Bank am Fenster lädt ebenfalls zum Sitzen ein, darunter lassen sich Tischutensilien unterbringen.

Auszeit

Teenager werden diese Oase der Entspannung ebenso lieben wie Erwachsene. Die tiefe, komfortable Couch ist lang genug, um sich mit einem guten Buch darauf auszustrecken, und niedrig genug, um den Blick auf den Garten nicht zu verstellen. Sitzsäcke und -kissen sind ideal für einen lässigen Plausch mit Freunden. Diese hier sind mit wasserfestem Stoff bezogen, sodass sie auch draußen verwendet werden können.

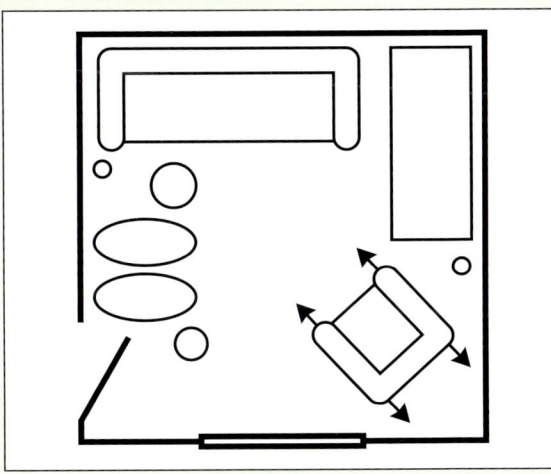

1 SCHLAFZIMMER, 3 VARIATIONEN

Beim Einrichten eines Schlafzimmers haben meistens zwei Menschen mitzureden. Vielleicht inspirieren Sie die folgenden Gestaltungsbeispiele.

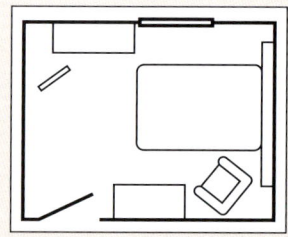

Kühl und schlicht

Beruhigend und einladend: ein Schlafzimmer mit geraden Linien und ohne viel Schnickschnack. Die schlichten weißen Möbel sollen ein Gefühl luftiger Geräumigkeit schaffen. Das elegante Rollo, das die Sonne hereinlässt, und der Standspiegel, der es weiterleitet, verstärken den Eindruck.

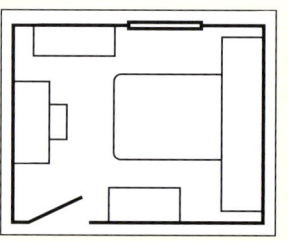

Dekorative Blumen

Das lange Aufbewahrungselement hinter dem Bett dient als Stauraum und Abstellfläche, etwa für Leselampen. Die breiten Blumenbordüren an den Vorhängen bringen Farbe und Muster in den Raum, ohne den Raum zu dominieren.

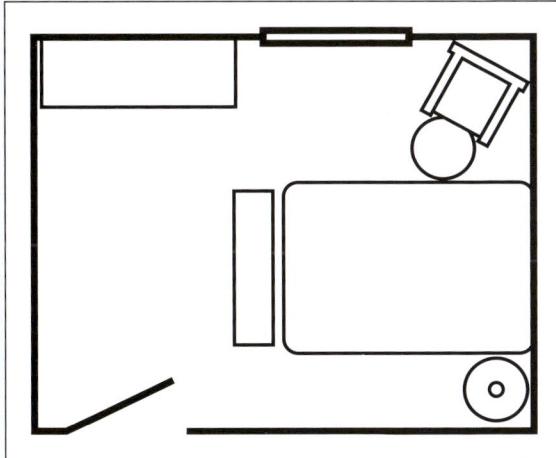

Glamour und Eleganz

Pflegen Sie die Kunst der Selbst-
beschränkung: Ein Schrank und
eine Bank am Fußende des
Bettes genügen oft schon als
Stauraum. Ein Mix aus schimmernden Stoffen macht das Bett
zum strahlenden Mittelpunkt
des Raumes; für einen Touch
Glamour sorgt die Mustertapete.

1 HOMEOFFICE, 3 VARIATIONEN

Ein Arbeitsplatz zu Hause muss nicht langweilig sein. Lassen Sie sich hier inspirieren, und schaffen Sie sich ein kleines Reich, das Sie am Ende gar nicht mehr verlassen möchten.

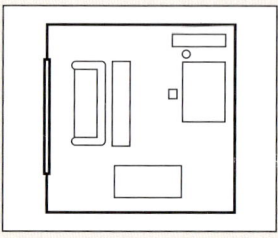

Büro zum Aufklappen

Mobile und klappbare Möbel sind die perfekte Lösung, wenn es auf Flexibilität ankommt. Das große Regal steht auf Rollen und kann bei Bedarf weggeschoben werden; Computer und Schreibtisch verschwinden hinter Schranktüren, wenn sie nicht gebraucht werden.

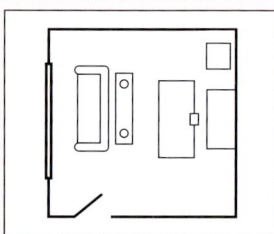

Fast ein eigenes Zimmer

Büromöbel müssen nicht zweckmäßig und maskulin aussehen. Weiß lackierte Holzmöbel strahlen feminine Eleganz aus. Der hohe Schrank und die hübschen Pappcontainer im Konsolentisch dienen als Stauraum. Der Sekretär steht an der Wand, um die Konzentration zu gewährleisten.

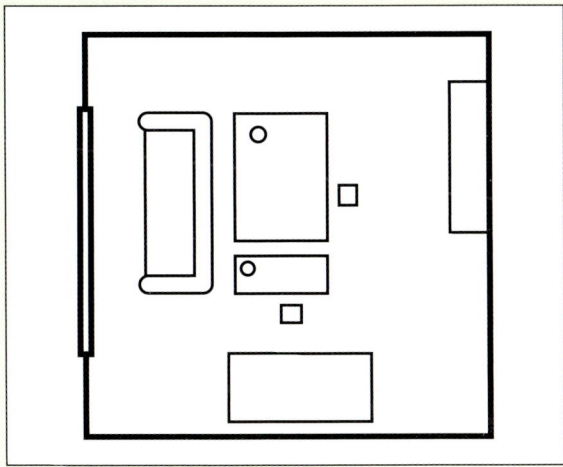

Platz für zwei

Ein Raum für zwei „Schreibtisch-
täter" erfordert eine sorgfältige
Einteilung. Zwei Schreibtische
mit verschiedenen Höhen sorgen
für genügend Fläche zum kon-
zentrierten Arbeiten. Die modernen Drehstühle sind praktisch
und stylish zugleich. Das Wandregal ist perfekt für Kleinkram
wie CDs oder Schreibutensilien.

OBERFLÄCHEN UND MÖBEL

MATERIALIEN

Die Materialien, die Sie zum Dekorieren verwenden, haben alle ihren eigenen Charakter. Ganz gleich, ob Sie Naturprodukte verwenden oder Kunststoffe – wichtig ist, dass Sie für jeden Zweck die passende Wahl treffen.

TEXTUREN EINSETZEN

Neben Farbe und Mustern spielen unterschiedliche Texturen eine große Rolle beim Gestalten von Räumen. Holz oder Wolle zum Beispiel haben eine strukturierte Oberfläche, die sich angenehm warm anfühlt, Glas und Metall sind meist kalt, glatt und glänzend. Sie vermitteln einen modernen Touch, ihre spiegelnden Oberflächen lassen Räume größer erscheinen.

Materialien mit glänzender oder glatter Oberfläche verbreiten immer einen Hauch von Luxus, Glamour und Frische, und da sie das Licht widerspiegeln, lassen sie Räume größer wirken. Raue Texturen wirken meist natürlich und sorgen für entspannende Gemütlichkeit. Weiche Oberflächen schlucken außerdem Geräusche und eignen sich deshalb gut für Schlafzimmer, Wohn- und Spielzimmer.

Oft gibt die Textur eines Materials schon vor, wo es am besten eingesetzt wird. Glatte Kunststoffe sind leicht zu reinigen, eignen sich also perfekt für Bad und Küche, während dicke Wolldecken und zarte Voile-stores in Schlafzimmern besser aufgehoben sind.

Hochglänzende oder reflektierende Materialien:

- Metall
- Hochglanzlack
- Spiegel und Möbel mit Spiegeln
- Leder
- Metalltapeten
- Glas
- Satin
- Seide

Raue Materialien:

- Holzböden
- Steinboden
- Terrakottafliesen
- Wollteppiche
- Chenille und Wollbezugsstoffe
- Leinen

Dieses kuschelige Fleckchen entsteht durch verschiedene weiche Bezugs- und Dekostoffe. Üppig fallende Vorhänge, eine Wolldecke und zusätzliche Accessoires wie der Korb schaffen eine warme, heimelige Atmosphäre.

LINKS Dieser moderne Essplatz besteht vor allem aus reflektierenden Materialien: Der Tisch besteht aus Glas und Chrom, die Stühle aus Metall. Im Hintergrund ein moderner Kamin mit Metallrahmen, darüber Spiegel.

RECHTS Hier sind Textilien und Bodenbelag mit ähnlichen Farben, aber verschiedenen Texturen zu einem reizvoll kontrastierenden Mix kombiniert.

BODENBELÄGE

Fußböden werden meist stark beansprucht, sollten also nicht nur gut aussehen, sondern auch für die jeweilige Raumnutzung geeignet sein. Obendrein bilden ihre Beschaffenheit, Farbe und Textur den Hintergrund und die Basis für jedes Gestaltungskonzept.

HOLZ

Holzböden passen in traditionelle ebenso wie in moderne Interieurs, sie verbreiten Wärme und natürlichen Charme. Am besten geeignet sind Eiche, Ahorn, Esche und Buche. Die meisten modernen Holzdielen werden fugenlos im Nut- und Feder-Verband verlegt.

Auf dem Markt werden so viele verschiedene Hölzer und Versiegelungsvarianten angeboten, dass sich für praktisch jede Einrichtung das Passende findet. Hellere Hölzer wie Esche und Buche reflektieren das Licht, dunklere schaffen eine warme, gemütliche Atmosphäre. Für einen authentischen Used-Look wählen Sie eine geölte Oberfläche statt Hochglanzlack.

In Altbauten lohnt es sich oft, den vorhandenen Holzboden abzuschleifen und anschließend passend zur Einrichtung zu lackieren oder zu lasieren, um Schadstellen zu verbergen.

ECHTHOLZ ODER LAMINAT?

Moderne Holzböden gibt es in zahlreichen Stilen und Preisklassen. Ein echter Hartholz-Dielenboden aber ist immer eine größere Investition. Günstigere Alternativen sind Fertigparkett aus Echtholz oder Laminat. Selbst Letzteres sieht verlegt meist täuschend echt aus.

Parkett ist eine hochwertige Alternative zu Holzdielen. Die einzelnen Paneele bestehen aus mehreren Schichten desselben Hartholzes.

Laminat ist ein Bodenbelag mit Holzdekor, den es in unzähligen Qualitätsstufen gibt. Es besteht meist aus einer dünnen Dekorschicht und einer dickeren Trägerschicht aus einfacherem Holz oder Sperrholz. Die hochwertige Variante des Laminats hat als Dekorschicht ein Echtholzfurnier und wird dann als Furnet bezeichnet.

Fußbodenbeläge aus recycelten Hölzern sind eine weitere Option; alte Dielen haben oft eine wunderbare Patina. Eventuell müssen sie nach dem Verlegen abgeschliffen und/oder neu versiegelt werden.

Sie können den alten Belag entfernen oder auch unter dem neuen Holzboden liegen lassen; geben Sie dem neuen Material aber Zeit, sich zu akklimatisieren, ehe es verlegt wird. Die Arbeitskosten variieren je nachdem, welche Holzart und Verlegungstechnik Sie gewählt haben und ob der fertige Boden lasiert oder versiegelt werden muss.

Insiderinfo

Den Look eines exotischen Hartholzes können Sie auch mit günstigeren Hartholzdielen zum Beispiel aus Eiche erreichen. Einfach die Dielen mit einer farbigen Schutzlasur behandeln: Das Holz wird dunkler, ohne die Struktur zu verlieren. Wenn Sie das lieber Profis überlassen, kein Problem: Bitten Sie Ihren Bodenleger, die Dielen vor dem Verlegen zu lasieren.

RECHTS Schieferfliesen sind eine günstige Alternative, wenn Sie Naturstein verwenden möchten. Schiefer gibt es in mehreren Farbtönen, am bekanntesten aber ist die anthrazitgraue Variante.

LINKE SEITE Schöne und pflegeleichte Wahl für den Wintergarten: Der Furnetboden in warmem Kirschton verträgt auch den Schmutz, der aus dem Garten hereingetragen wird.

STEIN

Überall auf der Welt werden seit Urzeiten Naturstein und Marmor als edler Bodenbelag eingesetzt. Wie Echtholz bekommt Stein mit den Jahren Patina, die ihm eine Aura von Authentizität und Adel verleiht.

Kalkstein, Sandstein und Schiefer sind die am meisten verwendeten Steinarten. Sie decken eine Palette von cremigen Weiß-, Gelb- und Grüntönen bis hin zum dunkelsten Schwarz ab und bieten eine große Bandbreite an natürlichen Texturen und Musterungen.

Natursteinböden sind unempfindlich und langlebig, dafür aber auch entsprechend kostspielig. Eine

günstigere Alternative sind Schiefer- oder Steinzeugfliesen, die es in unzähligen Variationen gibt, oder auch recycelte Steinfliesen oder -platten.

Lassen Sie einen Steinboden immer von Profis verlegen. Vor dem Kauf müssen Sie mit dem Bodenleger die baulichen Voraussetzungen besprechen. Schwere Steinplatten müssen auf Beton verlegt werden. Wenn Sie in oberen Stockwerken Stein verlegen wollen, müssen Sie wegen des Gewichts statt Naturstein möglicherweise auf Steinfliesen zurückgreifen, da diese dünner und leichter sind als massive Steinplatten.

FLIESEN

Bodenfliesen gibt es in allen Farben, Größen und Formen, von bunt glasierter Keramik bis hin zu rustikalem Terrakotta und zartem Mosaik. Das robuste und wasserfeste Material eignet sich bestens für Bäder, Küchen und andere stark beanspruchte Räume wie Dielen und Flure.

Moderne großformatige Keramikfliesen werden auch für andere Räume mit lebhaftem Familienverkehr immer beliebter, etwa Wohnküchen, Esszimmer oder Wintergärten. Oder die Fliesen werden als gestalterische Highlights gesetzt, mit Lederdekor oder sogar winzigen Glitzersteinchen verziert – dann sind sie echte Hingucker in Bad oder Dusche. Hingucker im Bad, WC oder auch im Flur.

Genial einfach
Die meisten Terrakottafliesen müssen nach dem Verlegen versiegelt werden, damit sie wasserfest werden. Eine zeitsparende Variante sind bereits vom Hersteller versiegelte Fliesen.

Groß und schimmernd: Diese modernen Keramikfliesen sind die richtige Wahl für eine stylishe Küche und praktisch obendrein, da sie pflegeleicht und langlebig sind.

LINKS Traditionelle Zement-
fliesen in Erdfarben bringen Farbe und Muster in
diesen Flur. Die Fliesen sind
durchgefärbt, das Muster
kann also nicht verblassen
oder abblättern.

UNTEN Günstige, wasserfeste
PVC-Fliesen eignen sich hervorragend für Feuchträume.

WEITERE BODENBELÄGE

Neben Holz, Stein und Fliesen sind zahlreiche weitere
Bodenbeläge auf dem Markt.

PVC

Das Angebot an PVC-Belägen reicht von der günstigen
Notlösung bis hin zu hochwertigem Material in diversen
Optiken wie Holz oder Stein. Ob als Auslegeware oder
als Fliesen, PVC ist eine praktische und kostengünstige
Option.

LINOLEUM

Hergestellt aus natürlichen Bestandteilen wie gemahle-
nem Kalkstein und Leinöl, ist Linoleum ein robuster
und vielseitiger Belag, der zurzeit in zahlreichen Farben
zu Recht sein Comeback feiert. Es ist als Meterware
oder als Fliesen erhältlich. Geschickte Bodenleger können sogar kunstvolle mehrfarbige Muster oder
Schachbrettkaro legen.

BETON

Beton wird erst durch eine Versiegelung wasserfest. Er
kann mit spezieller Betonfarbe passend zum Raumkon-
zept gestrichen werden. Ein hochglanzpolierter Beton-
boden verleiht dem Raum eine extrem stylishe Note.

GUMMI

Erhältlich in einer breiten Palette von Farben und Oberflächen, ist Gummi überaus praktisch: Es ist robust,
trittsicher und pflegeleicht und somit bestens geeignet
für Spielzimmer, aber auch für Küchen und Bäder.

KORK

Kork fühlt sich weich und warm an, die Oberfläche
muss aber versiegelt werden. Es gibt Korkfliesen in
natürlicher Optik oder in farbigen Dekors.

Wenn Sie Ihre Wände farbig gestalten, verwenden Sie einen unifarbenen Teppich als Ausgleich. Hier bildet der Teppich einen neutralen Hintergrund für die leuchtenden Wände, Textilien und Accessoires.

Genial einfach

Wenn Sie sich Kosten und Aufwand des Teppichverlegens sparen wollen, legen Sie Brücken. Wählen Sie eine, die den Großteil des Raumes abdeckt, dann haben Sie im Handumdrehen einen neuen Look und können den Teppich auch mitnehmen, wenn Sie umziehen.

TEPPICH

Verlegte Teppiche bieten einen zeitlosen Reiz. Sie fühlen sich weich und warm an und eignen sich deshalb hervorragend für Schlafzimmer oder kalte, schlecht isolierte Böden.

Ein Teppich ist eine langfristige Investition, informieren Sie sich also vor dem Kauf umfassend. Reine Wollteppiche eignen sich gut für wenig beanspruchte Böden in Wohn-, Ess- oder Schlafzimmern. Für stärker frequentierte Bereiche wie Flure und Treppen sind robustere und langlebigere Materialmischungen die bessere Wahl, etwa Wolle mit 20 Prozent Nylonanteil.

Die meisten Teppiche sind entweder gewebt oder getuftet. Webteppiche sind aufwendiger in der Herstellung, und das zeigt sich im Preis. Zwei klassische Webtechniken sind Axminster und Wilton. Axminster-Teppiche haben meist eingewebte Muster wie Orientteppiche, während Wilton-Teppiche in der Regel unifarben sind. Getuftete Teppiche werden modernen Wohnansprüchen aber ebenso gerecht.

Auch Teppiche gibt es mit den unterschiedlichsten Texturen, vom samtig weichen Velour bis zum Schlingenflor, der grober und weniger elegant aussieht. Vielleicht gefällt Ihnen auch ein florloser Naturteppich aus Jute, Kokos oder Sisal, dem man die Webstruktur deutlich ansieht (Seite 115).

Vor dem Verlegen eines neuen Teppichs sollten Sie sich auch den Untergrund ansehen und ihn gegebenenfalls erneuern, das verlängert die Lebensdauer ihres Teppichs ungemein. Vergessen Sie nicht, die Kosten für das eventuelle Erneuern des Estrichs in der Kalkulation zu berücksichtigen. Falls Sie nicht gerade ein Ass im Heimwerken sind, sollten Sie das Teppichverlegen Profis überlassen.

BRÜCKEN

Brücken und Läufer bringen Farbe auf Ihre Fußböden. Teppiche im Flachstich mit farbenfrohen geometrischen Mustern sind eine gute Wahl für Flure oder Kinderzimmer, Kelims oder indische Dhurries oder auch waschbare Baumwollbrücken setzen im Handumdrehen fröhliche Akzente.

Die Herstellung von Teppichen ist eine uralte Kunst, und alte Teppiche sind kostbare Schätze. Die traditionellen Muster werden aber auch heute noch verwendet. Auch moderne Designer haben die Teppichkunst für sich entdeckt, und manche Stücke sind echte Investitionen.

Viele haben auffällige Muster, eine besondere Struktur oder zeigen Farbkombinationen, die sie in jeder Umgebung zum Mittelpunkt machen. Wenn Sie sich für solch einen Teppich entscheiden, achten Sie darauf, dass sich der übrige Raum gestaltungsmäßig sehr zurückhält, damit Sie von Farben und Mustern nicht erschlagen werden.

Teppiche gibt es in unzähligen Variationen, bedenken Sie also vor dem Kauf sorgfältig Stil und Größe. Messen Sie den vorhandenen Raum aus, und überlegen Sie, wie viel Boden der Teppich abdecken soll.

Berücksichtigen Sie, dass Teppiche die Wahrnehmung beeinflussen: Ein großer Teppich in einem großen Raum macht den Raum kleiner – ein Vorteil, wenn Sie es gemütlicher haben wollen.

TREPPENLÄUFER

Die meisten Treppenstufen erfordern einen Belag, wenn sie nicht gerade aus Naturstein oder Holz sind. Als Teppichbelag eignen sich kurzflorige Varianten, da sie pflegeleicht sind (in kurzen Schlaufen verfängt sich weniger Staub als in langen). Ein Gemisch aus Wolle und Nylon ist besser als reine Wolle, da es strapazierfähiger ist. Naturteppiche können wunderschön aussehen, erkundigen Sie sich aber, welche für Stufen wirklich sinnvoll sind. Seegras und Jute zum Beispiel sind nicht zu empfehlen, da sie nicht rutschfest und robust genug sind.

Eine schöne Alternative für sowohl traditionelle als auch moderne Interieurs sind gewebte Teppichläufer, auch aus Naturmaterial. Sie werden als Meterware angeboten, in Standardbreiten, die für die meisten Stufen passen. Auch hier gilt wieder: Möglichst Fachleuten das Verlegen überlassen.

Robuster traditioneller Teppich in einer für Treppen besonders günstigen Farbe: Blaugrau.

NATURTEPPICHE

Sisal, Seegras, Kokos, Jute, Binse und Papyrus sind die beliebtesten Fasern für Naturteppiche. Ihnen allen ist gemein, dass sie nachwachsen und aus Gräsern und Blättern bzw. aus Holzschliff hergestellt werden wie Papier – ein wichtiges Argument für umweltbewusste Einrichter. Es gibt sie in vielen natürlich-neutralen Farbtönen und zahlreichen Webarten, Texturen und Mustern, die zu traditionellen Einrichtungen ebenso passen wie zu modernen.

Jedes Naturmaterial hat seinen eigenen Charakter, überlegen Sie also gut, was in Ihren Raum passt.

Jute ist weich und passt gut in Schlafzimmer.

Das haltbare und preiswerte **Kokos** fühlt sich hart an, eignet sich aber bestens für Flure und Wintergärten.

Das vielseitige **Sisal** kann fast überall eingesetzt werden und ist in einer breiten Palette von Farben, Webstrukturen und Texturen erhältlich.

LINKS Heute sind Naturteppiche auch in kräftigen Farben erhältlich, wie dieser marineblaue Sisal, der dem Wohnzimmer Farbe und Textur verleiht.

OBEN Mit seiner neutralen Farbe und der groben Struktur ist dieser Naturteppich der ideale Hintergrund für die gedämpften Creme- und Hellblautöne im Raum.

Seegras wird in einer Reihe von interessanten Webarten angeboten und kann ebenfalls fast überall eingesetzt werden, außer auf Treppenstufen.

Papier ist robust und hat einen frischen, modernen Look. Außer auf Stufen überall einsetzbar.

Traditionelle **Binsenmatten** sind sogar in Badezimmern zu verwenden, da sie Feuchtigkeit mögen.

Bambus eignet sich ebenfalls als Bodenbelag, allerdings anders als die oben genannten Naturmaterialien nicht als Teppich, sondern als Dielen oder Parkett. Bambus gilt als eines der härtesten Naturmaterialien überhaupt und ist auch umwelttechnisch eine gute Wahl, weil er rasch nachwächst – nach fünf Jahren können Bambusstangen bereits geschlagen und verarbeitet werden.

Alle Naturmaterialien benötigen 48 Stunden zum Akklimatisieren, ehe sie verlegt werden.

KOMBILÖSUNG

Wenn Ihnen der Look der Naturfasern gefällt, Sie aber lieber nur eine Brücke legen möchten, wählen Sie einen Schlingenteppich aus Wolle oder aus einem Wolle-Nylon-Gemisch – oder Sie nehmen eine Mischung aus Wolle und Naturfaser.

Der Teppich aus Naturfasern mit seiner warmen Farbe und groben Textur mildert die kalte Glätte der Fliesen in diesem Wohnzimmer.

Insiderinfo

Die strukturierte Oberfläche von Naturteppichen ist ein Problem, wenn etwas verschüttet wird. Um Flecken vorzubeugen, sollten Sie den Teppich vorab mit einer umweltfreundlichen, schmutzabweisenden Lösung behandeln lassen.

WÄNDE

Die Wände spielen eine große Rolle für den Gesamteindruck eines Raumes. Dank des großen Angebots an Gestaltungsmöglichkeiten – von eleganten Glanztapeten bis hin zu urig anmutenden Kalkfarben – wird jeder Raum einzigartig.

ANSTRICH

Wände zu streichen ist eine wunderbare Möglichkeit, einen Raum zu verwandeln. Anstriche sind günstig, auch für Laien leicht zu bewältigen, und es gibt sie in unzähligen Farbtönen – es ist der einfachste Weg, Ihrem Zuhause ein neues Aussehen zu geben.

WELCHER ANSTRICH?

Dispersionsfarben sind wasserbasierte Farben, die meist für Innenwände benutzt werden. Die matte Variante, die trocken glatt und nicht reflektierend ist, ist dabei am weitesten verbreitet. Die seidenglänzende Version ist aber ebenfalls robust und abwischbar. Beide gibt es in zahlreichen Farbtönen.

Hochglänzende und **seidenmatte** Farben und Lacke eignen sich für innen liegende Holz- und Metalloberflächen. Beide gibt es herkömmlich auf Ölbasis, aber auch auf Wasserbasis, geruchsarm und schnell trocknend.

Spezielle **Feuchtraumfarben** gibt es für Küche oder Bad. Manche enthalten ein Fungizid gegen Schimmelentwicklung bei hoher Feuchtigkeit.

Traditionelle Farben werden nach historischen Rezepten angemischt; dazu gehören altmodische Tünchen wie **Tempera** oder **Kalk**, die schöne Effekte hervorrufen, aber schwer zu verarbeiten sind. **Biofarben** werden ebenfalls nach traditionellen Rezepten hergestellt (siehe Kasten), oft mit natürlichen Farbpigmenten. Diese Anstriche sind relativ durchlässig und deshalb geeignet für Altbauten, wo die Wände „atmen" sollen. Erkundigen Sie sich immer umfassend, bevor Sie solch eine Farbe verwenden. Möglicherweise benötigt die Wand eine spezielle und aufwendige Vorbehandlung.

Damit ein Raum möglichst homogen aussieht, empfiehlt es sich, eine Farbe für die Wände und eine andere für Holz und Decke auszuwählen. Farbenfachhandel und viele Baumärkte bieten einen Farbenmischservice an; per Computer kann ein Farbton exakt auf eine Vorlage abgestimmt werden, zum Beispiel auf einen Dekostoff. Mehr Infos übers Selberstreichen finden Sie in „Designträume für jedermann" (Seite 192).

Farben und Umwelt

Konventionelle Farbe enthält flüchtige organische Verbindungen (VOCs), besser bekannt als Lösungsmittel, die umweltschädlich und gesundheitsgefährdend sind. Es gibt zunehmend aber auch lösungsmittelarme oder -freie Farben auf Wasserbasis, die überdies geruchsarm sind. Studieren Sie also sorgfältig das Etikett, ehe Sie eine Farbe kaufen.

LINKS Wandfarben gibt es in unzähligen Schattierungen, von hellem Pastell bis hin zu ausdrucksstarken dunklen Tönen wie dieses Anthrazitgraublau. In Kombination mit den weißen Holzmöbeln, Fensterrahmen, Fußleisten und dem Teppich entsteht ein schickes, modernes Homeoffice.

RECHTS Bei schrägen oder niedrigen Decken in Dachzimmern sollten Sie Wände und Decke im gleichen Farbton streichen: Das sorgt für luftige, helle Geräumigkeit.

GEGENÜBER Für Feuchträume wie Badezimmer gibt es spezielle Anstriche, denen Feuchtigkeit und Dampf nichts anhaben können.

LINKS Große Blumen sind eine gute Wahl für Schlafzimmer. Hier entstand eine Akzentwand, die zusätzlich den Bettkopf und die unifarbene Nische betont.

UNTEN Zweifarbige Tapeten in gedämpften Farben ergänzen einen Raum behutsam mit Farbe und Muster, wie in diesem Wohnzimmer.

TAPETEN

Tapeten haben längst ihr angestaubtes Image abgelegt, es gibt sie heute in atemberaubend schönen Designs, von großformatigen Mustern, die auf traditionelle Motive zurückgehen, bis hin zu schimmernden Metallvarianten, die jeder Wand einen glamourösen Touch verleihen. Ob uni oder gemustert, ob Streifen, Blumen, Strukturen, Metall oder Damast – jede Tapete hat ihren eigenen Charakter.

Eine gute Möglichkeit, die Wirkung einer Tapete erst einmal zu testen, ist eine Akzentwand. Da Sie dafür nur eine Wand bekleben, können Sie vielleicht eine etwas teurere Tapete wählen, die das Budget sonst nicht tragen würde. So verleihen Sie Ihrem Schlaf- oder Esszimmer Designerschick. Für eine Akzentwand eignen sich große Muster, aber auch moderne Fototapeten – Landschaften oder auch Porträts und sogar Familienschnappschüsse.

Von Tapeten gibt es alle Sorten – von hochwertig handbedruckt bis zum günstigen Massenprodukt. Da Tapezieren schwieriger ist als Streichen, sollten Sie vielleicht einen Profi beauftragen, vor allem wenn Sie ein teures Design gewählt haben.

FLIESEN

Fliesen sind eine praktische Lösung für Bäder und die Wände hinter den Küchenspülen. Im Handel gibt es industriell hergestellte günstige Massenware ebenso wie handgefertigte glasierte Produkte in Holz- oder Lederoptik sowie Fliesen mit Metalleffekten, die in Bronze- oder Goldtönen schimmern.

Das Angebot an Größen und Stilen ist riesig, Ihr Gestaltungsspielraum praktisch grenzenlos. Sie können Ihre eigenen Designs schaffen, indem Sie etwa verschiedenfarbige Fliesen zu einem Patchwork legen, oder Sie können eine kontrastierende Bordüre oder schöne Einzelfliesen verlegen, vielleicht aus Glas, um eine langweilige Fläche aufzupeppen, oder Sie überziehen die Wände mit zarten geometrischen Mosaiken.

Wandfliesen können quadratisch oder rechteckig sein, es gibt sie in zahlreichen Standardmaßen ab 10x10 cm aufwärts, wobei die Maße auch von Händler zu Händler variieren. In den letzten Jahren wurden übergroße Porzellanfliesen immer beliebter, sogar in einer Größe von 30x60 cm; sie werden mit interessanten Oberflächen angeboten, etwa Marmor- oder Graniteffekten, und verleihen Küchen- oder Badwänden besonderen Schick.

OBEN In diesem Badezimmer sind uniweiße Fliesen mit kleinen Mosaiken in leuchtenden Blautönen kombiniert – so kommen Farbe und Muster in den Raum.

RECHTS Durch die unterschiedlich großen Platten und die steinartige Oberfläche erhält der Raum eine reizvolle Dynamik und zarte Musterung.

ALTERNATIVEN

Sie haben keineswegs nur die Wahl zwischen Tapezieren und Anstreichen. Zahlreiche andere Materialien stehen zum Schmuck Ihrer Wände zur Verfügung.

Oberflächen und Möbel

KLINKER

Unverputztes Mauerwerk wirkt entweder rustikal – oder stylish. Ziegel zum Verkleiden von Wänden können Sie aus dem Bestand von Abbruchhäusern oder bei Spezialanbietern kaufen. Modernen Wohnungen verleihen freigelassene Mauerreste, etwa von einer alten Brandschutzmauer, loftartige Atmosphäre.

HOLZ

Holz eignet sich hervorragend, um unschöne Wände zu verstecken. Die Oberflächen erhalten einen gleichmäßigen Look und können im Handumdrehen passend zum Gestaltungskonzept lackiert oder lasiert werden. Nut-und-Feder-Bretter aus günstigem Weichholz sorgen für

Landhaus- oder Strandhauslook, besonders wenn sie weiß oder in einer gedämpften neutralen Farbe gestrichen sind. Moderne Holzvertäfelungen – etwa lackiertes Holzfurnier oder teure Lattenpaneele aus Hartholz – sind etwas für moderne Interieurs.

GLAS

Glas lässt Licht durch und macht kleine Räume größer. Vor allem bei modernen Einrichtungskonzepten wird es gerne vielfältig eingesetzt und nicht nur als Fensterscheibe. Neue Technologien ermöglichen es, dass Glas auch als Raumteiler, Außenwand und sogar als Fußboden genutzt werden kann. Lassen Sie sich von Profis beraten, welches Glas für Ihr Projekt in Frage kommt.

METALL

Metallplatten in der Küche oder auf dem Fußboden verbreiten urbanen Industrielook. Edelstahl und Aluminium werden in Küchen gerne verwendet, um die blitzenden Reiche der Profiköche nachzubilden.

LINKS Glas wird in modernen Küchen gern als Wandverkleidung verwendet. Seine glatte, reflektierende Oberfläche verträgt jeden Spritzer.

OBEN Das sichtbare Mauerwerk verbreitet reizvoll rustikales Flair. Die angrenzende Wand wurde mit Holz verkleidet, um Unebenheiten sowie Rohre und Kabel zu verbergen.

Frische Einrichtungsideen

Prüfen Sie zunächst, wie gut Wände und Boden noch aussehen; vielleicht können Sie Ihrem Raum ein neues Gesicht verleihen, ohne gleich alles radikal erneuern zu müssen.

Teppiche: Lassen Sie Teppiche professionell reinigen; das ist weniger aufwendig, als neue zu verlegen, kann aber den Boden wie neu wirken lassen.

Badfliesen: Frischen Sie den Look Ihrer Fliesen auf, indem Sie die Fugen säubern und neu weißen, oder entfernen Sie mit einem Schraubenzieher die alte Fugenmasse und ersetzen Sie sie durch neue.

Böden: Wenn Ihr Budget keinen neuen Bodenbelag erlaubt, schauen Sie erst einmal unter den Teppich. Eventuell vorhandene Bodendielen können

Sie von Profis abschleifen lassen, oder Sie leihen sich eine Maschine und machen das selbst. Estrich wird durch Betonfarbe unempfindlich.

Gestrichene Wände: Vor allem in Küchen und Fluren können gestrichene Wände sehr schmutzig werden. Waschen Sie sie vorsichtig mit Spülmittellösung oder speziellem Anlauger ab, um Fett, Ruß und Fingerspuren zu entfernen. Anlauger bereitet Wände eigentlich auf einen Neuanstrich vor, vielleicht ist nach dem Abwaschen aber gar keine neue Farbe nötig.

Holz: Fensterrahmen, Fußleisten, Zierleisten und Sockel ziehen Staub magisch an. Reinigen Sie sie und schleifen Sie sie ab, ehe Sie sie mit seidenmattem oder hochglänzendem Lack streichen.

Frisch gestrichene Wände machen diesen Eingangsbereich einladend und freundlich.

SO WIRD ES PERFEKT

Ein erfolgreiches Einrichtungskonzept lebt von reizvollen Kontrasten. Zu viel von einem bestimmten Material heißt, dass zu wenig Kontrast herrscht, zu viele verschiedene Materialien wirken unruhig. Hier ein paar Tipps, um das richtige Maß zu finden.

Manche Materialien passen von Natur aus sehr gut zusammen:
- ☐ Holz und Stein. Steinboden und Holzarbeitsplatte in der Küche (oder umgekehrt); im Bad Waschtisch aus Holz, Wände und Boden gefliest.
- ☐ Mustertapete und neutraler Teppich bilden eine klassische Kombination, die gut in Ess-, Schlaf- und Wohnzimmer passt.
- ☐ Fliesen und Glas ergänzen sich in Bädern gut; Glasbecken oder Duschwand und großformatige, strukturierte Steinfliesen an den Wänden verbreiten einen Hauch von Luxus.

RECHTS Reizvoller Materialmix: Die glatten Porzellanwaschbecken und der massive Holzuntertisch kontrastieren mit den Wandfliesen in Creme und Dunkelgrün.

Setzen Sie verschiedene Materialien ein, um Nutzungsbereiche in einem Raum optisch abzugrenzen:
- ☐ Küche und Essplatz werden optisch getrennt, wenn Sie Holz oder Teppich im Essbereich und Fliesen in der Küche verlegen.
- ☐ Teppiche oder Brücken schaffen schnell eine optische Unterteilung. Im Flur oder Wohnzimmer werten preiswerte Kelims Ihr Laminat auf; im Schlafzimmer streichelt ein Schaffell auf dem Teppich die nackten Füße.

LINKS Glatte Granitoberflächen kombiniert mit hochglänzendem Metall und Alujalousien verleihen dieser Küche ein futuristisches Flair.

WORAUF ES ANKOMMT

In diesem Wohnzimmer gibt es eine Vielfalt an Materialien, die aber durch die harmonische Farbgebung beruhigt wird.

Hell trifft auf Dunkel: der cremefarbene Baumwollbezug des Sessels und das Ledersofa.

Kühl und glatt trifft auf warm und weich: Laminatboden und Teppich.

Rau trifft auf zart: Flechtkörbe mit offener Struktur und seidig glattes Porzellan.

Glatt und schimmernd trifft auf grob und matt: Leder und Baumwoll- und Leinenkissen bzw. Wolldecke.

MÖBEL

Vom blankgescheuerten Küchentisch, den Sie schon seit Urzeiten besitzen, bis zum Lieblingssessel vor dem Fernseher – erst die Möbel machen aus Ihrer Wohnung ein Zuhause, ungeachtet ihres Stils und ihres Alters.

Kaum jemand kann es sich leisten, bei jeder Umgestaltung sämtliche Möbel zu ersetzen. Das muss aber auch gar nicht sein: Schauen Sie sich Ihre Möbel erst einmal mit prüfendem Blick an, vielleicht stellen Sie fest, dass Sie gar kein Geld ausgeben müssen.

MÖBELCHECK

Prüfen Sie mit nüchternem Blick, was Sie haben und ob Sie es behalten wollen – oder müssen.
Fragen Sie sich bei jedem Möbelstück:

1 Ist es nützlich?
2 Gefällt es mir noch?
3 Würde ich es ersetzen, wenn ich es mir leisten könnte?
4 Kann ich es vielleicht in der Wohnung woanders aufstellen?

Wenn Sie das Möbelstück nicht mehr haben wollen, werfen Sie es ohne Hemmungen raus, geben Sie es zum Sperrmüll, oder verkaufen Sie es. Manche Möbelfirmen nehmen bei Lieferung eines neuen Stücks das alte mit.

VERRÜCKEN SIE IHRE MÖBEL

Greifen Sie Frage vier des Möbelchecks auf, und prüfen Sie in Gedanken Ihre ganze Wonung.

Wenn Sie sich ein neues Bett anschaffen möchten, kann das alte vielleicht ins Gästezimmer? Wenn Ihr Kind aus dem Hochbettalter heraus ist, kann ein kleineres Geschwister es vielleicht erben? Kann das alte Einzelbett möglicherweise zu einem Divan für das Spiel- oder Wohnzimmer umfunktioniert werden?

LINKS Aufpolsterung und ein neuer Bezug schenken alten Möbeln wie diesem gemütlichen Lehnsessel ein neues Leben und ein neues Gesicht.

Wenn Sie ein neues Sofa kaufen möchten, können Sie das alte vielleicht in ein Kinderzimmer stellen? Gerade Teenager richten ihr Zimmer gerne wohnlich ein. Gönnen Sie einem alten Sessel einen neuen Bezug, oder stellen Sie ihn in ein Gästezimmer, ins Bad oder auf den Treppenabsatz; ein Bücherregal daneben und eine Lampe, und schon entsteht eine gemütliche Leseecke.

Können die Esszimmerstühle mit einem neuen Bezug aufgepeppt werden, oder sind sie als Küchen- oder Bürostühle verwendbar?

Beistelltische aller Art sind auch als Nachttische zu gebrauchen, alte Bücherregale für ein neues Homeoffice im Gästezimmer oder am Schreibtisch im Kinderzimmer.

GEGENÜBER Liegen und Hocker mit Stauraum sind ideale Möbel für Arbeits- bzw. Gästezimmer.

RECHTS Dieser Gartentisch muss nicht draußen bleiben: Mit seinem hübschen Metallgeflecht ist er ein dekorativer Nachttisch.

AUS ALT MACH NEU

Alte Möbel lassen sich mit einem neuen Look oft noch lange verwenden. Ein neues Kopfteil für das alte Bett kostet nur den Bruchteil eines neuen Bettes, kann aber den kompletten Stil des Möbels verändern. Die Varianten sind zahlreich – vom lackierten Holz für skandinavisches Flair bis zu Rattan für einen Hauch warmer Exotik.

Ein neues Sofa verändert das ganze Wohnzimmer, aber vielleicht genügt es auch, dem alten einen frischen Bezug zu gönnen, der farblich zum neuen Gesicht des Raumes passt?

Vieles lässt sich auch einfach mit einer Schicht Farbe verwandeln – Bücherregale, Küchenschränke, manchmal auch Badewannenverkleidungen. Türgriffe und -klinken lassen sich ebenso leicht ersetzen – Kristall oder Messing wirkt eher traditionell, farbiges Kunstharz oder Chrom sehr modern.

Insiderinfo

Sparen ja, aber gekonnt: Küchentisch und -stühle müssen nicht unbedingt teuer sein. Bei so entscheidenden Dingen wie Matratzen und Sofa aber ist nur das Beste gut genug. Hier entspannen und schlafen Sie, hier brauchen Sie größtmöglichen Komfort. Siehe Seite 128 und 132.

Das Rahmengestell von Sofas und Sesseln hält oft viel länger als die Polster. Bei Polstereien bekommen Sie nicht nur neue Bezüge; dort wird bei Bedarf auch das Innenleben der Sitz- und Rückenkissen erneuert oder aufgepolstert: eine Verjüngungskur mit erstaunlicher Wirkung.

UNTEN Clevere Lösung für kleine Räume: Ein einfaches Wandregal bietet Stauraum für Kleinigkeiten und Ausstellungsfläche für Dekoratives.

MÖBEL AUSSUCHEN

Ob Sie ins Möbelhaus gehen oder zum Trödler – die Regeln für den Kauf neuer Möbel sind immer gleich. Bedenken Sie vor dem Kauf folgende Punkte:

☐ Was genau brauchen Sie?
☐ Wie groß ist Ihr Budget?
☐ Wie nutzen Sie den Raum?

Suchen Sie ein Stück für eine langfristige Investition oder etwas Günstiges, das nicht lange halten muss?

Sich rechtzeitig Gedanken über Bedarf und Budget zu machen hilft oft, kostspielige Irrtümer zu vermeiden. Vielleicht stellen Sie fest, dass Sie den Kindern zuliebe besser ein Sofa mit waschbaren Bezügen nehmen sollten oder mobile Möbel praktischer für Ihre begrenzten Platzverhältnisse sind.

Mehr Informationen über das Aussuchen der passenden Möbel finden Sie im Abschnitt Raumplanung (ab Seite 64). Wenn Sie nicht sicher sind, welchen Stil Sie wählen sollen, lassen Sie sich unter Stil und Farben inspirieren (ab Seite 8).

UNTEN Zusätzliche Abstellflächen für Gläser oder Bücher sind praktisch, aber zu viele Beistelltische stehen nur im Weg. Solche Dreiertischsets bieten Fläche bei Bedarf, benötigen aber sonst kaum Platz.

AUF KLEINSTEM RAUM

Wenn der Platz knapp ist, wählen Sie Möbel, die klappbar oder mobil sind oder die sich vielseitig nutzen lassen. Möbel auf Rollen können bei Bedarf aus dem Weg geschoben werden: selbst Betten, Bürotürme und Kücheninseln gibt es auf Rollen.

Ein Bettsofa im Spiel- oder Wohnzimmer dient zugleich als Gästebett. Futonmatratzen lassen sich im Handumdrehen ausrollen und sind ebenso schnell wieder in einem Schrank verstaut. Alternative: Ein Futon mit Untergestell, der sich tagsüber in ein Sofa verwandeln lässt.

Ein Klapp- oder Ausziehtisch muss seine volle Größe nur entfalten, wenn Gäste da sind. Klappstühle lassen sich leicht verstauen, wenn sie nicht gebraucht werden. Ein Schreibtisch im Gäste-/Arbeitszimmer wird zum Schminktisch, wenn Übernachtungsbesuch kommt – und warum nicht den ganzen Bürokram in einem Sofahocker verschwinden lassen?

MÖBEL FÜRS WOHNZIMMER

Wohnzimmer sind Orte zum Entspannen, aber auch für Gäste – Sie brauchen also gemütliche Sitzgelegenheiten und möglichst viele Abstellflächen. Gruppieren Sie Sofas und Sessel zu einer einladenden Runde, und ergänzen Sie sie mit Beistelltischen und Regalen.

In den meisten Wohnzimmern ist das Sofa das größte und das beherrschende Möbelstück. Dreisitzer werden selten wirklich von drei Leuten „besessen", nehmen aber viel Raum ein. Überlegen Sie, ob Sie nicht lieber zwei kleinere Zweisitzer nehmen, auf denen bis zu vier Personen Platz haben. Gegenüber gestellt, dazwischen ein niedriger Tisch: Schon haben Sie eine einladende Sitzgruppe. Modulsofas passen gut in moderne Wohnzimmer und bieten Platz für viele Gäste. Beim Bezug sollten Sie beachten: Leder und abwaschbare Textilien sind gut für Familien geeignet, luxuriöse Samt- oder Damaststoffe sind dagegen weniger strapazierfähig.

Unerlässlich sind genügend Abstellflächen für Lampen, Deko, Tassen und Gläser. Ein Couchtisch leistet gute Dienste, sollte aber so niedrig sein, dass der Gesprächsfluss nicht behindert wird. Dreiertische bieten bei Bedarf zusätzliche Fläche.

OBEN Niedrige Schränke, die gleichzeitig als Sitzgelegenheit dienen, sind genau das Richtige für Familienwohnzimmer.

RECHTS Mit ihrer schlichten Leichtigkeit und ihren modernen Formen sind Acrylglastische ideal für junge Wohnzimmer.

WORAUF ES ANKOMMT

Der Mix aus Leder und Holz schafft ein kuscheliges Wohnzimmer in modernen, neutralen Creme- und Brauntönen.

Lederpolster sind praktischer, als man denkt. Sie sind robust, langlebig und abwaschbar, also absolut familientauglich. Obendrein gewinnen sie im Lauf der Zeit durch Patina Charakter.

Der Tisch bietet sowohl Abstellfläche als auch Stauraum für Spiele, Zeitschriften und Ähnliches.

Extraplatz für Bücher, Blumen und Deko: der Konsolentisch am Fenster.

MÖBEL FÜR DEN ESSPLATZ

Wenn Sie gerne Gäste einladen, ist ein schöner Essplatz ein absolutes Muss – entweder in einem separaten Zimmer, im Wohnzimmer oder in der Wohnküche. Egal, wie viel Platz Sie haben, Sie brauchen auf jeden Fall einen Tisch, Stühle und etwas Stauraum.

Wenn Sie wenig Platz haben und selten mehr als sechs Leute einladen, ist vielleicht ein Ausziehtisch die richtige Lösung. Normale Familien brauchen Tische, die leicht zu reinigen sind, keine kostbaren Antiquitäten. Wählen Sie einen modernen Tisch mit abwischbarer Platte oder aus geöltem Holz, das gelegentlich abgeschliffen werden kann.

Gepolsterte Stühle sehen in schicken Esszimmern oder offenen Ess-/Wohnbereichen toll aus, in Küchen passen weniger edle Ausführungen besser, etwa Holzbänke, moderne Stapelstühle und eiserne oder hölzerne Gartenklappstühle, die lässig wirken und wenig Platz wegnehmen. Wichtig: Stauraum für Tischzubehör. In einem Esszimmer sieht eine traditionelle Anrichte gut aus, in Küchen bieten Einbauelemente den nötigen Stauraum.

UNTEN Ein einfacher Holztisch und zwei Bänke bilden einen schlicht-eleganten Essplatz für eine Wohnküche.

LINKS Die zentrale Kücheninsel ist hier gleichzeitig der Essplatz. Die Klappstühle können schnell entfernt werden, wenn der Tisch zum Schneiden und Vorbereiten benötigt wird. Die hohen Schränke fassen Geschirr und Gläser ebenso wie Küchenutensilien.

WORAUF ES ANKOMMT

Klassische Holzmöbel und warme Farben machen dieses Esszimmer zu einem einladenden Treffpunkt.

Der Konsolentisch an der Wand nimmt Tischzubehör auf und fungiert gleichzeitig als Anrichte.

Dieser einfache, solide Holztisch ist weder zu streng noch zu locker und gibt allen Arten von Menüs den richtigen Rahmen.

Ein Mix verschiedener Stühle – sowohl gepolsterte als auch hölzerne – unterstreicht die lässige Wirkung der Sitzgruppe.

MÖBEL FÜRS SCHLAFZIMMER

Ein Schlafzimmer sollte ruhig, entspannend, aufgeräumt und das Bett unbedingt groß genug bemessen sein. Ein Bett nebst Stauraum – Schrank und Kommode plus ein oder zwei Nachttischchen: Mehr brauchen Sie nicht.

Wenn Sie ein neues Bett kaufen, nehmen Sie das größtmögliche, das Sie sich leisten können, vor allem wenn Sie es mit Ihrem Partner teilen. Mit genügend Platz schläft es sich einfach besser. Testen Sie neue Matratzen möglichst lange im Geschäft, ehe Sie kaufen.

Manchmal genügt es auch schon, dem Bett ein neues Kopfteil zu geben, um den ganzen Raum zu verändern. Betten gibt es in unzähligen Ausführungen, in Eisen, modern und schlicht oder sogar historisch als Schlittenvariante.

Wenn Sie gerne ein Ankleidezimmer hätten, Ihnen aber der Platz fehlt, ist ein Einbauschrank das Richtige für Sie. Er bietet jede Menge Stauraum für Ihre Sachen, zum Hängen, zum Legen, zum schnell Wiederfinden – auch für Krawatten, Schuhe und Taschen.

OBEN Zarte Romantik offenbart das cremefarben lackierte Schmiedeeisen. Der kleine runde Tisch hält alles bereit, was in Reichweite benötigt wird.

LINKS Das Himmelbett gibt diesem Schlafzimmer Charakter. Durch die schlichten Holzstreben wirkt es aber nicht zu dominant, und die zarten Textilien verstärken das romantische Flair. Zwei passende Holztischchen flankieren den Bettrahmen.

WORAUF ES ANKOMMT

Möbel in Offwhite sind eine klassische Wahl fürs Schlafzimmer. Hier bilden sie den Gegenpart zu den Blumenmustern.

Das mit cremefarbenem Leinen bezogene Kopfteil verleiht dem einfachen Bett einen Hauch Luxus. Der Leinenbezug ist abnehm- und waschbar.

Die schmale Konsole am Fußende des Bettes hält Bücher und Zeitschriften griffbereit.

Die Kommode dient gleichzeitig als Nachttisch – eine gute Option für beengte Platzverhältnisse.

Die Bank lenkt den Blick auf die Fensternische.

MÖBEL FÜRS HOMEOFFICE

Jeder hat gelegentlich Schreibkram zu erledigen, für manche ist ihr Zuhause gleichzeitig ihr Arbeitsplatz. Welche Möbel Sie benötigen, hängt davon ab, wie häufig Sie Ihr Homeoffice nutzen und in welchen Raum es integriert werden soll.

TISCH UND STUHL

Für das gelegentliche Erledigen persönlicher Korrespondenz taugt jeder beliebige Tisch und jeder Stuhl. Wenn Sie aber von zu Hause aus Ihr Geld verdienen, sollten Sie sich einen ordentlichen Drehstuhl gönnen. Er sollte höhenverstellbar sein und den Rücken stützen, damit Sie schmerzfrei über längere Zeit sitzen können.

Beim Tisch kommt es darauf an, was Sie an Oberfläche benötigen. Ein Schreibtisch ist in erster Linie ein Tisch, aber das heißt nicht, dass er rechteckig und aus Holz sein muss – warum nicht rund und/oder aus Glas oder Acryl in einer peppigen Farbe? Wenn Sie nicht das Glück haben, über ein separates Arbeitszimmer zu verfügen, müssen Sie überlegen, ob vielleicht der Esstisch auch als Schreibtisch herhalten kann, oder ob ein hübscher kleiner Tisch je nach Bedarf auch als Schminktisch fungieren kann. Platzsparend sind zum Beispiel auch Klapptische.

UNTEN Büromöbel können durchaus klassisch und schick aussehen wie dieser weiße Sekretär mit passendem Stuhl und Regal.

OBEN Ein Hocker mit Hängeregistratur ist die perfekte Lösung für den Arbeitsplatz im Wohnzimmer.

Wenn Sie mit einem Computer arbeiten, genügt Ihnen vielleicht auch ein spezieller Rechnerschreibtisch mit Ausziehbrett fürs Keyboard plus Fächer für CDs und sonstiges Zubehör. Ist Ihr Arbeitsplatz nur „Untermieter" in einem anderen Raum, empfiehlt sich ein „Büro im Schrank", das nach Gebrauch alles versteckt, was nicht besonders attraktiv ist.

AUFBEWAHRUNG

Sorgen Sie für möglichst viel Stauraum. Die traditionelle Lösung ist der Schreibtisch mit Schubladen und Aktenfächern oder ein Aktenschrank, zum zeitgemäßen Homeoffice passen gut moderne Würfelregale für die Wand.

Wenn das Büro gleichzeitig Wohn- oder Schlafzimmer ist, wählen Sie Möbel, die zu beiden Bereichen passen. Bücherregale nehmen auch hübsche Pappboxen auf, und im Schlafzimmer ist ein aufklappbarer Fußhocker der ideale Ort, um diskret Ordner zu verstauen. In Gästezimmern kann der Papierkram in Kommoden verschwinden.

WORAUF ES ANKOMMT

Wird ein Arbeitsplatz in einen anderen Raum integriert, sollten sich die Möbel in das gestalterische Gesamtkonzept einfügen.

Der Sekretär bietet genügend Stauraum für Büroutensilien, passt aber im Stil perfekt zum Wohnzimmer.

An der Pinnwand ist Platz für Notizen und sonstiges Allerlei.

Das hohe Regal nimmt Ordner, Boxen und Bücher auf.

FENSTER

Die Fensterdekoration hat großen Einfluss auf den Gesamteindruck eines Raumes. Vorhänge, Rollos und Schlagläden sorgen für Sichtschutz und Verdunkelung, sind aber auch schmückende Rahmen.

VORHÄNGE

Vorhänge sind immer noch die beliebteste Form der Fenstergestaltung, einerseits wegen ihrer praktischen Vorzüge – sie verhindern Einblicke von draußen und helfen gegen Zugluft –, andererseits, weil sie sehr dekorativ sind und den Stil eines Raumes entscheidend mitbestimmen. Welchen Stil der Vorhang auch hat, der weiche Faltenwurf des fallenden Stoffs sorgt für kuscheligen Komfort.

PLANUNG

Ehe Sie über Stoffe nachdenken, sollten Sie Ihr Fenster erst einmal genau in Augenschein nehmen, seine Form und seine Größe im Verhältnis zum Raum. Berücksichtigen Sie den architektonischen Stil des Raumes: Kassettenfenster in einem ländlichen Haus brauchen

eine andere Deko als große Panorama- oder Erkerfenster in einer Stadtwohnung. Die Vorhänge sollten auch größenmäßig zum Raum passen.

Prüfen Sie die Lichtverhältnisse, und überlegen Sie, ob Sie die Vorhänge auch zum Abdunkeln benötigen, etwa im Schlaf- oder Kinderzimmer.

VORHANG-KNOWHOW

Lange, üppige Vorhänge wirken an kleinen Fenstern übertrieben; bodenlange Vorhänge lassen Räume höher erscheinen. Lassen Sie in dunkle Räume die Sonne herein, indem Sie dafür sorgen, dass sich die Schals ganz beiseite schieben lassen. Für lange, breite Vorhänge – etwa für Erkerfenster – eignen sich gut Stoffe mit großformatigen, ausdrucksstarken Mustern. Im Übrigen sind Vorhangdekos derzeit eher dezent, ohne Volants und Schabracken, egal wie alt das Haus oder der Stil des Interieurs ist.

DIE RICHTIGE LÄNGE

Man unterscheidet drei Standardlängen: bis zum Sims, bis unter das Sims und bis zum Boden.

Bodenlange Vorhänge sind ein eindeutiges gestalterisches Statement; sie ziehen den Blick auf sich, ob geschlossen oder offen. Da sie viel Stoff erfordern, sind sie die teuerste Variante.

Bis zum Sims reichende Vorhänge sind günstiger, da sie weniger Stoff benötigen. Sie sind weniger formal und können Fenstern einen gewissen ländlichen Touch verleihen. Sie passen gut zu kleineren Fenstern oder in kleine Räume, in denen bodenlange Vorhänge zu bombastisch wirken würden.

Wenn Vorhänge dieselbe Farbe wie die Wand aufweisen, lassen sie den Raum größer wirken, da man nicht sofort unterscheiden kann, wo die Wand endet und das Fenster beginnt. Diese schlichten, an Ringen aufgehängten Vorhänge wurden mit einer kontrastierenden blauen Bordüre versehen, die die farbliche Verbindung zum übrigen Raum herstellt.

WORAUF ES ANKOMMT

Vorhänge und Rollos erhalten und unterstreichen die frische Leichtigkeit dieses Erkerfensters.

Lange, transparente Vorhänge wirken elegant, ihre Länge und Farbe umspielen schmeichelnd die harten Linien des großen Fensters.

Rollos filtern das Tageslicht. Diese hier sind zartrosa, sodass das hereinfallende Sonnenlicht die neutralen Offwhitetöne in warmes Rosé taucht.

VORHANGSTOFFE

Die Auswahl an Textilien ist so unüberschaubar, dass es sich empfiehlt, vorher gut zu überlegen, was man will und wie viel man ausgeben kann. Außerdem ist der Stil des Raumes entscheidend: Ist er groß und formal? Schlicht und modern? Klein und gemütlich? Wie soll das Fenster wirken: weich und romantisch, kühl und modern oder eher dramatisch? Stimmen Sie die ausgewählten Muster mit den Mustern von Wandfarbe oder Tapete ab.

Tipp
Gemusterte Textilien müssen nicht teuer sein: Bedruckte Baumwoll-, Leinen- oder Baumwoll-Leinen-Mischgewebe sind preiswert und durchaus strapazierfähig.

Die bodenlangen apfelgrünen Gardinen bringen den Frühling in dieses Wohnzimmer.

Transparent und leicht oder schwer und gefüttert

Was spricht für transparente Vorhänge?

- Sie sind preiswert und überall erhältlich.
- Sie lassen Licht durch, filtern aber die direkte Sonneneinstrahlung und bieten somit tagsüber Sichtschutz, ohne zu verdunkeln.
- Ungefütterte Vorhänge können gewaschen werden; bei Vorhängen mit Futter kann es passieren, dass die Gewebe unterschiedlich einlaufen.
- Sie können zwei Sets verwenden – um eines zum Wechseln zu haben oder mit zwei verschiedenen Farben zu experimentieren.
- Als Befestigung ist nur eine preiswerte, dünne Vorhangstange erforderlich.

Was spricht für schwere, gefütterte und gedämmte Vorhänge?

- Futter und/oder Dämmung helfen gegen Zugluft, der Raum wird warm und gemütlich.
- Fenster und Raum wirken edel und luxuriös; schwere Vorhänge haben einen besonders schönen Faltenwurf.
- Dicke oder mehrschichtige Vorhänge dämpfen die Geräusche im Raum und den Lärm von draußen.
- Das Futter schützt den Stoff, sodass er nicht ausbleicht und länger hält.
- Zusammen mit einer eleganten Stange und schönen Endstücken entsteht eine schwungvolle Fensterdeko mit Stil.

Romantisch und feminin: Ein transparenter Store mit hübscher Bogenkante ist hier mit einem schwereren Vorhang kombiniert.

FÜR TRANSPARENTE VORHÄNGE EIGNEN SICH:

Baumwolle: leichte Qualität, uni oder zart bestickt; ergibt hübsche Vorhänge, die das Licht durchlassen.
Voile: aus Baumwolle, Leinen oder Kunstfaser, uni oder dezent bedruckt erhältlich. Sehr leicht und transparent; eine beliebte Alternative für alle, denen Tüllgardinen zu altmodisch – oder zu stylish sind.

FÜR EINFARBIGE VORHÄNGE EIGNEN SICH:

Leinen und Leinenmischgewebe (aus Baumwolle und Leinen): Leinen fällt schön und ist in allen Farben erhältlich.

Baumwolle: Die vielseitigen Baumwollstoffe gibt es in vielen Qualitäten und Farben. Twill, ein Baumwollgewebe mit interessanter Webstruktur, ist eine gute Wahl für einfarbige Vorhänge.
Kattun: preiswerte Baumwollfaser, deren natürlicher Farbton gut zu neutralen Farbkonzepten passt.

FÜR GLAMOURÖSE VORHÄNGE EIGNEN SICH:

Samt: erhältlich in großer Vielfalt von Farben und Mustern, wirkt elegant und luxuriös.
Seide: in zahlreichen Farben und Mustern erhältlich. Für edle Vorhänge besonders beliebt ist changierende Seide, die aus zwei verschiedenfarbigen Garnen gewebt ist.
Damast: Gewebe aus Baumwolle, Seide oder Kunstfaser mit einfarbigem Webmuster. Damastvorhänge passen gut in klassische Räume.

FÜR GEMUSTERTE VORHÄNGE EIGNEN SICH:

Printmuster: Von den pastoralen Motiven des Toile-de-Jouy bis hin zu grafischen Mustern im Retrolook wird eine erstaunliche Vielfalt angeboten. Dauerbrenner sind florale Prints.
Webmuster: Hier ist das Muster in den Stoff eingewebt. Zur Auswahl stehen Streifen, ethnische Motive, Damast und allerlei Karos, von dunklem Schottenkaro bis zu freundlichem, zart gemustertem Gingan.

VORHÄNGE ANBRINGEN

Vorhänge hängen meist an Stangen oder Schienen. Schienen aus Metall oder Kunststoff eignen sich gut für Fenster, die wenig Platz lassen zwischen Sturz und Decke, oder für Erkerfenster, da sie sich in die gewünschte Form biegen lassen. Schienen sind aber, wenn sie nicht gerade von einer Schabracke verdeckt werden, nicht so attraktiv wie Stangen, was vor allem stört, wenn die Vorhänge tagsüber beiseite geschoben werden.

Vorhangstangen gibt es in einer breiten Palette von Stilen und Designs. Sie bestehen meist aus Holz oder Metall und können für unterschiedlichste Aufhängungsarten eingesetzt werden – mit Bändchen, Schlaufen oder Ösen oder traditionell mit Ringen.

Achten Sie darauf, dass die Stange stark genug ist, um das Gewicht des Vorhangs zu tragen; lange, gefütterte Vorhänge sind nämlich extrem schwer. Passend zu Ihrer Einrichtung finden Sie zahllose dekorative Endstücke aus Metall, Glas, Holz oder Kunstharz.

Gardinenstangen und -schienen sollten etwas länger sein, als das Fenster breit ist. So können Sie die Vorhänge vollständig aufziehen, um Licht hereinzulassen.

OBEN Hübsche Längsstreifen und ein farblich passendes Rollo setzen dieses Schiebefenster in Szene. Die Stange aus mattem Edelstahl und die Ösen sorgen für moderne Akzente.

LINKS Zarte transparente Stores eignen sich bestens für informelle Stile; sie filtern das hereindringende Tageslicht.

Blick fürs Detail

Nehmen Sie eine günstige Vorhangstange – in Baumärkten findet sich meist eine recht gute Auswahl – und peppen Sie sie mit exotischen Endstücken auf. Auf diese Weise erhalten Sie den Look einer Designerstange, aber zum kleinen Preis.

AUFHÄNGUNGEN

Die Aufhängung bestimmt das endgültige Aussehen des Fensters. Leichte Vorhänge lassen sich mittels eines Vorhang- oder Kräuselbandes befestigen, das aufgenäht wird. Schwere Gardinen erfordern eine stabilere Variante mit Zwei- oder Mehrfachfaltung, die dem fertigen Vorhang formellen Charakter verleiht.

Weitere Alternativen sind Schlaufen in der Farbe des Vorhangs oder in einer Kontrastfarbe, die über die Stange geschoben werden. Die Schlaufen können auch verdeckt angebracht werden, sodass die Stange nicht sichtbar ist, oder als Schleifen an die Stange gebunden werden für einen informellen Look.

Ösen sind Metallringe, die in den Stoff gestanzt werden – eine frische, jung anmutende Art der Aufhängung. So vorbereitete Vorhänge sind extrem leicht anzubringen und sehen am fertigen Fenster unprätentiös modern aus.

RECHTS Modern und frisch: die Kombination aus Ösen und schlichter Metallstange. Die einfachen Kugel-Endstücke vervollständigen den Look.

VORHANGFUTTER

Es gibt verschiedene Möglichkeiten, Vorhänge zu füttern. Am einfachsten ist es, das Futter nur oben und an den Seiten festzusteppen. Einen solideren, edleren Look erhält man mit allseits angestepptem Futter. Gedämmte Vorhänge sind gefüttert und mit einer zusätzlichen Schicht zwischen Vorhang und Futter ausgestattet. Die Gardine wird dadurch dicker, fällt besser, hält Zugluft ab und sieht edel und teuer aus. Es gibt außerdem abnehmbare Futter sowie Verdunklungsfutter für Schlaf- oder Kinderzimmer.

LINKS Zwei verschiedene Gardinen am Fenster bringen Farbe und Muster in den Raum. Die transparenten Stores lassen tagsüber die Sonne herein, die blickdichten Baumwollprints machen es abends gemütlich.

ROLLOS UND FENSTERLÄDEN

Rollos wirken generell schlichter als Vorhänge. Sie können aus Dekostoffen, Holz, Metall oder Kunststoff gefertigt sein und sind fast immer eine gute Lösung für Feuchträume wie Küchen und Bäder. Häufig sind sie auch in modernen Einrichtungskonzepten zu finden.

Rollos funktionieren durch einen simplen Mechanismus am oberen Fensterrand, der wenig Platz wegnimmt. Rollos bestehen aus speziell beschichteten Stoffen.

Plissees, **Faltrollos oder Raffrollos** laufen in vertikal verspannten Schnüren und können je nach Machart von oben, von unten oder in beiden Richtungen verschoben werden.

Raffrollos schieben sich zu Falten zusammen, wenn sie geöffnet werden. Sie können aus unterschiedlichen Stoffen hergestellt werden; besonders schön sind sie aus edlem Leinen. Sie passen in Schlaf- und Wohnzimmer, verbreiten einen Hauch Schick, ohne verspielt zu wirken.

Jalousien bestehen aus quer verlaufenden Lamellen aus Metall, Holz oder Kunststoff, die kippbar sind und so bei Bedarf auch in geschlossenem Zustand die Sonne hereinlassen. Sie eignen sich gut für den häuslichen Arbeitsplatz, da sie Computermonitore perfekt abschatten. Ebenso einsetzbar sind sie in modernen Küchen und Bädern.

UNTEN LINKS Raffrollos können in der Fensterlaibung angebracht werden oder davor. Die neutralen Töne und das zarte Muster des Stoffes strahlen beruhigende Wirkung aus.

OBEN Einfach, aber wirkungsvoll: Die Jalousie aus dunklem Holz ist ein echter Blickfang.

UNTEN Modern, aber gemütlich: ein einfaches Holzstabrollo.

Innenliegende Schlagläden mit beweglichen Lamellen sind eine gute Wahl für Küchen, weil sie sich im Gegensatz zu Vorhängen oder Rollos sofort abwischen lassen. Bei geöffneten Lamellen kann auch das Tageslicht herein.

FENSTERLÄDEN

Fensterläden – ob traditionell geschlossen oder modern mit kippbaren Lamellen – sind eine gute Alternative zu Vorhängen oder Rollos. Gerade im städtischen Bereich werden sie zunehmend beliebter, da sie Sichtschutz gewähren, ohne Luft und Licht auszusperren. Alle Variationen jedoch können vollständig verdunkeln.

Läden lassen sich für praktisch jedes Maß herstellen, sodass sie gerade auch für schwierige Fensterformen eine gute Lösung sind. Wichtig ist aber in jedem Fall, dass seitlich genügend Platz ist, um die Flügel zu öffnen.

Genial einfach

Wenn Sie fließende, transparente Stores mögen, aber nur im dunklen Zimmer schlafen können, befestigen Sie einfache, verdunkelnde Rollos in der Fensterlaibung hinter den Vorhängen. Ihr Fenster behält den verträumten Look – aber Sie können morgens ausschlafen.

BELEUCHTUNG

Wenn Sie verschiedene Lichtquellen kombinieren, können Sie die Beleuchtung ganz gezielt einsetzen und steuern, um Stimmungen nach Wunsch zu schaffen – je nachdem wie Sie den Raum gerade nutzen.

SPIELEN MIT DEM LICHT

Ein erfolgreiches Beleuchtungskonzept besteht aus vier Beleuchtungstypen.

Umgebungslicht: Tageslicht oder künstliche Lichtquelle an Wänden oder Decke, die einen Raum oder einen Bereich im Raum gleichmäßig erhellt.

Punktlicht: gerichtete Beleuchtung, die eine bestimmte Stelle erhellt, Schreibtischlampe, Leselampe, Strahler über der Küchentheke.

Akzentlicht: dient dazu, interessante Gegenstände oder architektonische Besonderheiten in Szene zu setzen, im Garten auch Pflanzen.

Dekolicht: Beleuchtung, die selbst Dekoration ist – Lichterkette, Kerzen, Kaminfeuer – und eine eigene Atmosphäre schafft.

Für Schlaf-, Ess- und Wohnzimmer empfiehlt sich eine Kombination aus Tisch-, Wand-, Boden- und Deckenbeleuchtung. Stets zu beachten sind folgende Punkte:

☐ Lichtquelle immer abdecken, damit sie nicht blendet.

☐ Lichtquellen gleichmäßig verteilen über Wände, Tisch, Boden und Decke.

☐ Punktlicht so platzieren, dass Sie nicht selbst im Schatten sitzen oder arbeiten.

Insiderinfo

Dimmer schaffen Atmosphäre. Einen Standardschalter durch einen Dimmschalter zu ersetzen ist einfach, hat aber eine ungeheure Wirkung.

Klemmspots lassen sich überall einsetzen; mit ihrem direkten Licht sind sie die ideale Beleuchtung zum Arbeiten oder Lesen. Außerdem eignen sie sich als preiswerte Akzentlichter: Hier erstrahlt die Deko im Regal.

WORAUF ES ANKOMMT

Einen Raum atmosphärisch zu beleuchten erfordert mehrere Lichtquellen an Wänden und Decke.

Dekorative Decken- und Wandleuchten mit Glaselementen setzen glitzernde Highlights.

Tischlampen machen Räume gemütlich. Ihr Lichtschein grenzt sich klar von der unbeleuchteten Umgebung ab.

Für besonders ausdrucksstarke oder dekorative Hängelampen eignen sich Essplätze, Wohnzimmer und Flure.

Standleuchten sind sehr vielseitig – sie dienen als Leselampe hinter einem Sessel ebenso wie als Akzentlicht für Bilder oder Dekorationen.

BELEUCHTUNG RAUM FÜR RAUM

Jeder Raum erfordert eine andere Beleuchtung, vom Punktlicht zum Arbeiten bis hin zum Akzentlicht, das Dekorationen oder Bilder in Szene setzt. Um zu wissen, was genau Sie brauchen, sollten
Sie zunächst feststellen, wie Sie den Raum nutzen.

KÜCHEN UND ESSPLÄTZE

Hier brauchen Sie Punktlicht für die Essenszubereitung
und Umgebungslicht für die Mahlzeiten am Tag und am
Abend.

Deckenstrahler und Spots unter Hängeschränken
liefern ein gutes Licht zum Kochen. Am Essplatz sollten
Sie Wandlampen mit einer verstellbaren Deckenleuchte
kombinieren, um zum Essen Umgebungslicht zu haben.
Kerzen auf dem Tisch sorgen als Dekolicht für Atmosphäre. Stellen Sie alle Lampen auf Dimmschaltung um,
sodass Sie sie je nach Nutzung des Raumes – Kochen,
Lernen, Feiern – das Licht genau einstellen können.

RECHTS Der Lüster verbreitet Romantik und
Eleganz, die Kristalltropfen fangen das Licht ein
und bringen den Raum zum Erstrahlen.

LINKS Wandleuchten über dem Bett sind ideal
zum Lesen und nehmen auf dem Nachttisch
keinen Platz weg.

SCHLAFZIMMER

Im Schlafzimmer braucht man Licht zum Anziehen,
weiches Licht zur Entspannung sowie Licht zum Lesen.
Deckenstrahler, am besten in der Nähe des Kleider-
schranks, erhellen das ganze Zimmer und Nachttisch-
lampen ergänzen mit sanftem Umgebungslicht und
können vom Bett aus bequem ausgeschaltet werden.
Wer gern im Bett liest, wird eine Wandleuchte zu
schätzen wissen.

Blick fürs Detail
Gönnen Sie den Wänden einen diskreten De-
signertouch, indem Sie Ihre Standardlicht-
schalter durch solche aus Chrom, Holz oder
Acryl ersetzen.

RECHTS Eine Stehleuchte hinter
dem Sofa liefert genügend
Licht zum Lesen oder Hand-
arbeiten, wenn das Tageslicht
nicht mehr ausreicht.

UNTEN Beleuchtete Badezim-
merregale sorgen dafür, dass
alle Utensilien mit einem Griff
zu finden sind.

WOHNZIMMER

Wohnzimmer sollen eine einladende und entspannende
Atmosphäre vermitteln. Meist haben sie mehrere Rollen
zu erfüllen, es empfiehlt sich also, zunächst festzustel-
len, wann der Raum wie genutzt wird – zum Fernsehen,
Lesen oder Feiern. Kombinieren Sie Tischlampen mit
Boden-, Wand- und Deckenleuchten zu einem vielfälti-
gen Umgebungslicht. Wand- oder Standleuchten können auch gezielt bestimmte Stellen anstrahlen, eine
hübsche Deko etwa oder den Leseplatz. Als atmosphä-
risch-dekoratives Licht ist ein Kaminfeuer ideal.

BÄDER

Hier wird Punktlicht zum Rasieren und Schminken benötigt, außerdem Umgebungslicht. Stimmungslichter
verwandeln den funktionellen Raum in eine kleine Well-
ness-Oase. Weiches Licht lässt die glatten Oberflächen
der Keramik sanfter wirken; der Spiegel bekommt am
besten Licht von flankierenden Wandleuchten; dimm-
bares Deckenlicht sorgt für Atmosphäre. Berücksichtigen Sie unbedingt die Vorschriften und überlassen Sie
die Ausführung am besten einem Elektriker.

PRAXISTIPPS
MUSTERAUSWAHL

Wer Materialien für seine kreativen Ideen sucht, hat die Qual der Wahl, ganz gleich, ob es um Wände, Böden oder Fenster geht. Lassen Sie sich von den klassischen Mustern für Anstriche, Tapeten, Bodenbeläge, Fliesen und Stoffe auf den folgenden Seiten inspirieren. Noch mehr Tipps und Inspiration finden Sie unter „Gelungene Kombinationen" ab Seite 162.

WÄNDE

Die Wände bilden meist die größte zu gestaltende Fläche in einem Raum und haben somit großen Einfluss auf den Gesamteindruck. Von deutlichen farblichen Statements bis hin zu zart gemusterten Tapeten oder einer Kombination von beidem – Sie haben die freie Auswahl.

Dieses Cyan ist nicht Blau und nicht Grün, eine fröhliche Farbe, die Räume größer wirken lässt. Kombinieren Sie sie mit Offwhite und dunklen Schokotönen.

Apfelgrün ist lebhaft und frisch und passt sowohl zu modernen als auch zu traditionellen Stilen.

Hellblau wird von jeher gern für Schlafzimmer genommen, da es beruhigend wirkt und unaufdringlich ist.

Diese Mischung aus Stein und weichem Grün lässt sich gut mit farbenfrohen, gemusterten Stoffen kombinieren.

Graugrün ist eine gedämpfte Farbe, die in Räumen mit viel natürlichem Licht, etwa Wintergärten oder Küchen, sehr schön zur Geltung kommt.

Neutrales Beige bringt auf angenehme Weise Wärme und Farbe in den Raum.

Frühlingsfrisches Zitronengelb lässt in jedem Raum die Sonne aufgehen; eine gute Wahl für Küchen, Flure und Spielzimmer.

Da sie auf natürliche Weise beruhigen, eignen sich Lavendeltöne bestens fürs Schlafzimmer. Zusätzliches Silber, Grau und Pink ergeben einen edelluxuriösen Touch.

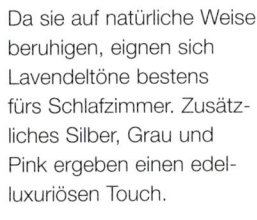

Rote Wände sind ebenso ausdrucksstark wie gemütlich und eignen sich gut, um Räume mit wenig Licht wärmer und einladender zu machen.

Dieses Meerblau ist das Richtige für große Bäder, vor allem in Verbindung mit weißem Holz.

Zwischen Wänden in cremigen Rosatönen fühlt man sich wohl. Dazu passt ein Naturteppich, z. B. aus Seegras, und liefert einen schönen Landhaus-Hintergrund.

Bordeaux ist ein satter, wärmender Ton für Wände, der für Gemütlichkeit sorgt. Ideal für Speisezimmer oder Räume, in denen gefeiert wird.

Wände in Rosa- und Fliedertönen bringen zarte Farbe und Wärme ins Schlafzimmer. Mit Weiß- und Grautönen kombiniert wirken sie „erwachsener".

Dunkle, satte Farben wie dieses Schokobraun sollten nur ganz bewusst eingesetzt werden. Sind alle Wände dunkel, sollte die übrige Deko hell und freundlich sein, etwa mit Spiegeln und hellen Bildern.

Diese matte, zart strukturierte Tapete ist mit Silberfäden durchwirkt, in denen sich dezent das Licht bricht.

Breite Streifen vermitteln geordnete Eleganz in größeren Räumen wie Wohnzimmern oder Fluren.

Das zarte Muster dieser vielseitigen Offwhite-Tapete verträgt sich bestens mit gemusterten Teppichen oder Vorhängen.

Traditionelle Tapeten verleihen jeder Wand einen Hauch edler Eleganz.

Dieses große Muster strahlt alternativ-natürlichen Charme aus und bringt Dynamik in den Raum.

Geometrische Muster wollen mit Vorsicht eingesetzt sein – Gesprächsthema wird dieser Retrocharme im Wohnzimmer mit Sicherheit.

Diese Streifentapete mit Struktur erinnert an Naturfasern wie Sisal und verleiht Wänden einen exotischen Look.

Fließende Muster sind immer eine gute Wahl; neutrale Creme-, Beige- und Brauntöne geben der Wand eine unaufdringliche, warme Farbe.

Ein Muster zum rundum Wohlfühlen: zarte Streifen in weichem Flieder.

Das sanft changierende Muster fällt erst auf den zweiten Blick auf und lässt sich gut mit Blumenvorhängen aus Seide oder Baumwolle kombinieren.

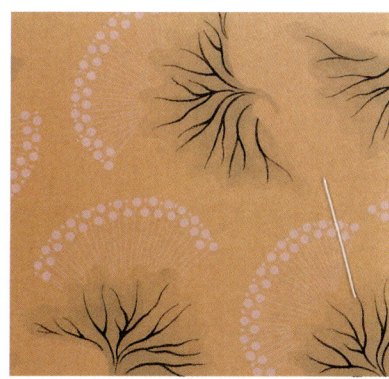

Elegant und modern ist dieses exotische Muster, das in glamouröse Schlaf- und Speisezimmer passt.

Streublümchen sind ein Muss für Freunde des traditionellen Landhausstils.

Das vom Porzellan des 18. Jahrhunderts inspirierte Muster setzt einen deutlichen Akzent.

Glasierte Fliesen, hier in wässrigen Blau- und Grünschattierungen, sind perfekt für Badezimmer oder Küchenwände.

Blauweiße Fliesen im Delfter Stil sind klassisch und passen zu traditionellen und modernen Stilen.

Traditionelle Reckteckfliesen verbreiten den spröden Charme der Zweckmäßigkeit; sie lassen sich auch als Bordüre mit quadratischen Fliesen kombinieren.

Mosaiken wie dieses altrömisch inspirierte Muster bringen klassisches Flair selbst in das kleinste Duschbad.

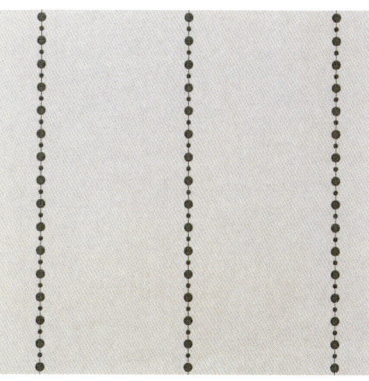

Zarte Perlenstreifen machen sich perfekt als Hintergrund in einem modernen Esszimmer.

BÖDEN

Ein neuer Fußbodenbelag kann das Gesicht eines Raumes völlig verändern. Aber er sollte nicht nur gut aussehen, sondern sich auch für die entsprechende Nutzung eignen. Lassen Sie sich von unseren Vorschlägen anregen.

Mosaikfliesen eignen sich bestens für Badezimmer und zwar nicht nur für die Böden, sondern auch für die Wände, insbesondere für gewölbte Flächen und abgerundete Ecken.

Sisal hat von Natur aus einen warmen Karamellton und ist strapazierfähig genug für Flure, Familienwohnzimmer und Treppen.

Mit ihrer warmen Farbe und der dezenten Textur empfiehlt sich Jute für Schlaf- und Gästezimmer.

Der satte Rotton von Kirschholz bringt Wärme in Speise- und Wohnzimmer.

Dieser Teppich bildet die strukturierte Oberflächen von Naturfasern nach, fühlt sich aber weicher an.

Terrakottafliesen gibt es in einer erstaunlichen Vielfalt. In Küchen und Fluren sorgen sie für traditionelles, rustikales Flair.

Eiche antik ist einer der beliebtesten Holzböden. Mit seinem warmen Ton passt das Holz sowohl in traditionelle wie in moderne Wohn- und Esszimmer.

Eiche ist schön und strapazierfähig und eignet sich für die meisten Einrichtungsstile.

Die Fischgratbindung bei diesem Kokosteppich hebt die natürliche Textur der Faser besonders hervor.

Heller Kunstharzboden ist ähnlich wie Glas durchscheinend und schluckt die Farbe des übrigen Dekors; eine praktische, weil strapazierfähige Alternative für Bäder.

Teppiche aus reiner Wolle fühlen sich weich an. Der neutrale, aber weiche Farbton eignet sich gut für Schlaf- und Wohnzimmer.

Offwhite gestrichener Boden verleiht Schlafzimmern, Fluren und Treppen Landhausflair.

Laminat sieht echtem Holz täuschend ähnlich. Dunkle Töne müssen nicht düster wirken. Für einen zeitgemäßen, praktischen Look am besten mit hellen Wänden und modernen Möbeln kombinieren.

Ein Teppich in gedämpften Brombeertönen macht Böden warm und flauschig und eignet sich gut für Schlafzimmer. Am besten mit Perlmuttrosa, zart Lila und Grau für eine ruhige und entspannende Wirkung kombinieren.

Ein Hartboden mit zartem Glitzer verbreitet einen Hauch Glamour; dieses dezente Rosa verleiht Bädern einen femininen Touch.

Dunkelblaue Teppiche passen gut in Wohn- und Schlafzimmer. Mit Stoffen und Tapeten in Grau-, Flieder- und Blautönen kombinieren.

Teppiche in Grautönen sind eine ebenso praktische wie schöne Alternative für Flure, vor allem in Kombination mit hellen Wänden und Holzmöbeln.

Dieser blau-graue Gummiboden ergänzt sich gut mit hellblauen und leuchtenden Scharlachtönen.

Mit seinen grau-beigen Tönen und der Strukturoptik sieht der Linoleumboden aus wie Stein.

Ein naturfarbener Webteppich ist ein angenehmer Begleiter und fügt sich fast überall ein, sowohl in neutrale als auch in farbenfrohe Konzepte.

Mosaikfliesen bringen Farbe in Bäder und Küchen. Kombinieren Sie verschiedenfarbige Steinchen zu fröhlichen Arrangements.

Helle Teppiche mit einfacher Textur bilden den perfekten Hintergrund für Wohn- und Schlafzimmer.

Die Bindung dieses Seegrasteppichs ist einfach, aber schön und lässt sich sowohl in traditionelle als auch in moderne Stile integrieren.

Dieser PVC-Belag sieht aus wie Echtholz und ist genau das Richtige für stark beanspruchte Räume.

Schieferfliesen sind ideal für Küchen und Flure, wo sie edel und teuer wirken: eine Anschaffung, die viele Jahre Bestand hat.

Ziegelfliesen in natürlichem Blassblau sorgen für einen dezent traditionellen Look.

Linoleum in kühlen Tönen und Schieferoptik ist eine gute Wahl für Bäder.

Schieferbodenplatten sind oft von mehreren Farben durchzogen, wie hier Ocker und Rost. Sie eignen sich sowohl für moderne als auch für ländliche Küchen.

Wählen Sie Linoleum für Feuchträume, weil es unempfindlich ist und sich warm anfühlt; dieses in sattem Azur strahlt kraftvolle Eleganz aus.

Sisal ist eine Naturfaser, die sich gut färben lässt. Kombiniert mit massiven Holzmöbeln und uniweißen strukturierten Stoffen entsteht ein stimmiges modernes Ambiente.

Naturteppiche eignen sich für viele Räume; sie fühlen sich warm und gemütlich an.

Ein Boden mit Perlmutteffekt wertet jeden Raum auf, besonders Bäder oder moderne Küchen.

STOFFE

Stoffe bringen mit Farben, Mustern und Texturen Leben in jedes Designkonzept. Vorhänge, Polsterbezüge, Kissen und Decken – es gibt zahlreiche Möglichkeiten, einen Raum mit Hilfe von Stoffen individuell und ansprechend zu gestalten.

Dunkles Blau mit der rauen Textur von Jeansstoff ist eine gute Wahl für Polsterbezüge. Passt in Wohnzimmern gut zu Naturböden wie Kokos.

Große Muster eignen sich für Vorhänge in großen oder ineinander übergehenden Räumen.

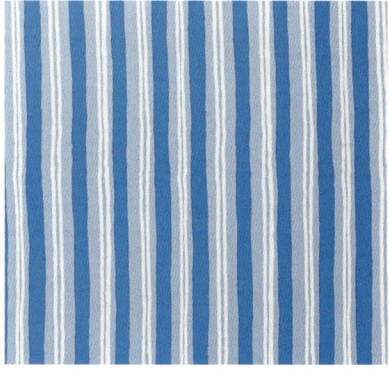

Markante Streifen bringen Farbe und geometrische Muster in den Raum.

Dieses moderne florale Dekor bringt mit Farbe und Muster einen Hauch Leben in den Raum.

Ideal für den Strandhausstil: Streifen in Blau und Creme.

Eine gute Wahl für Schlafzimmer und Bad ist ein kräftiges Blau mit zarten Motiven.

Dieses große zweifarbige Blumenmuster bringt klassisches Flair in ein Schlafzimmer.

Klassische Prints wirken charmant und erfüllen einen Raum mit Farbe und Muster. Halten Sie den übrigen Raum dezent, um Unruhe zu vermeiden.

Breite Streifen in leuchtenden Farben wirken schick und modern.

Traditionelle Blumenprints sind nie aus der Mode gekommen und passen zu klassischen und ländlichen Stilen. Mit farblich abgestimmten Karo- oder Unistoffen kombinieren.

Wer den Landhausstil mag, kommt an Blumenmustern nicht vorbei. Mit steinfarbenen Teppichen und apfelgrünen Wänden kombinieren.

Seide steht für Luxus und Glamour. Vorhänge und Kissen in dunklem Taupe oder Ocker wirken besonders elegant.

Traditionelle Ginganstoffe sind aus dem Landhausstil nicht wegzudenken und ergänzen sich gut mit farblich passenden Blumendrucken.

Große Blumen wie aus Malerhand sind ein klassisches Stoffmuster. Für eine fröhlich-frische Fensterdekorationen wählen Sie Orange und Gelb.

Hochwertige Unistoffe lassen sich gut mit auffälligeren Mustern kombinieren, z. B. auf Betthaupt, Kissen oder Stühlen.

Eine auffällige Struktur wie dieses Waffelpiqué kann ebenso interessant sein wie ein Farbmuster; gut geeignet auch als Bettwäsche.

Stoffe mit Ethnomustern sind besonders ausdrucksstark.

Toile-de-Jouy steht für zweifarbige ländliche Motive; eine gute Wahl für Schlafzimmervorhänge, wenn Sie es traditionell ländlich mögen.

Samt ist gleichbedeutend mit Pracht und Luxus. Wählen Sie dunkle Töne wie Scharlach für bodenlange Vorhänge in einem Speisezimmer.

Markante moderne Prints verströmen einen ganz besonderen Charme. Dieses Motiv des finnischen Labels Marimekko macht sich toll als Vorhang in einer modernen Küche.

Grau und Orange sind eine ungewöhnliche Kombination, verbinden sich hier aber zu einem ausdrucksstarken, modernen Look.

Der transparente Stoff mit den lebhaften Streifen eignet sich auch, um Regale oder Schrankinhalte zu verstecken.

Streublümchen bringen auf dezente Weise Muster in einen Raum. Mit passenden größeren Blumenmotiven, Karos oder Streifen kombinieren.

Elegante Wahl für Vorhänge und Kissen in Wohn- und Esszimmern: Jacquardstoffe haben ein zurückhaltendes Ton-in-Ton-Muster.

Bedruckter Voile ist eine gute Alternative zu den aus der Mode gekommenen Tüllgardinen; sie bieten Sichtschutz, lassen aber Licht herein.

Strapazierfähiges Leinen eignet sich gut für Vorhänge. Schlicht und dennoch stylish: zarte Streifen fürs Schlafzimmer.

Weich und luxuriös: Velours ist ideal als Bezug fürs Betthaupt oder als Bettüberwurf.

Englische Klubhausatmosphäre fürs Wohnzimmer – mit diesem zarten Karo als Sesselbezug kein Problem.

Zart gemusterte Stoffe in hellem Blau und Gold passen zu traditionellen ebenso wie zu modernen Einrichtungen.

Trotz der Blumen wirkt dieses Muster abstrakt und ist ein Farbtupfer für den Raum, ohne dominant zu sein.

Strukturierte Unistoffe in Naturfarben wie Salbei eignen sich gut als Ausgleich für kunstvolle Blumenmuster.

Fröhliche Stiefmütterchen bringen Farbe und Dynamik ins Wohnzimmer, z. B. als Vorhang oder Kissen.

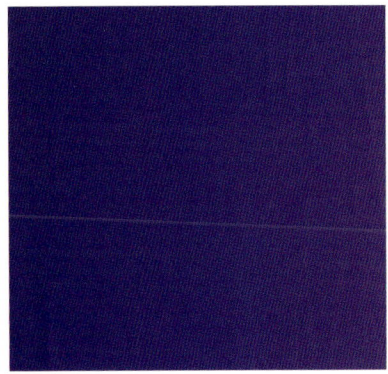

Für ein Wohnzimmer mit Atmosphäre und Charakter: Sofa und Sessel in dunklem Lila. Kontraste mit gemusterten Kissen setzen.

GELUNGENE KOMBINATIONEN

LÄNDLICHER CHARME

Ein Blumenprint in Blau, Grün oder Flieder ist die ideale Basis für ein traditionelles Schlafzimmer. Den modernen Touch geben die Wände in hellem Apfel- oder Pistaziengrün und strukturierte Teppiche in hellen Naturfarben.

  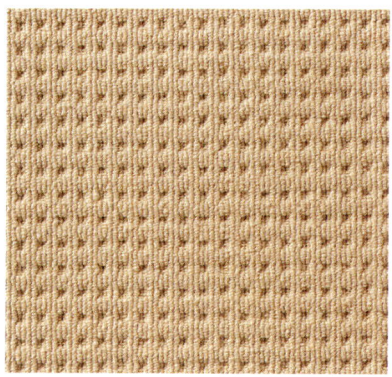

MARITIMES FLAIR

Wie wär's mit einer Küche in modern-maritimem Stil? Gestreifte Stoffe in leuchtendem Rot und Hellblau als Rollos und Stuhlkissenbezüge, dazu ein Holzboden und helle Wände – fertig.

MEHR SPASS MIT MOSAIK

Für moderne Badezimmer sind Mosaikfliesen ideal: Sie bringen Muster,
Farbe und gute Laune an die Wände und eignen sich perfekt für Feuchträume. Kombinieren Sie sie mit weiß getünchten Wänden und Gummiboden.

MUSTERMIX

Vom finnischen Label Marimekko stammen diese großen, grafischen
Blumen. Am besten zur Geltung kommen sie mit Uniflächen wie einem
satten Scharlachton und dem ruhigen Hintergrund des Naturteppichs.

EIN HAUCH FERNER OSTEN

Eine Akzentwand im Schlafzimmer lebt von diesem filigranen Muster, dazu gibt es einfarbige Vorhänge mit Textur, etwa Seide mit einer Anmutung von Rosa. Für Wärme und Gemütlichkeit sorgt ein flauschiger Teppich in weichem Brombeer.

TRAUM IN LILA

Die farbenfrohen Stiefmütterchen sorgen für fröhliche Bewegung; verwenden Sie diesen Stoff für Vorhänge und Kissen, und wählen Sie einen passenden Lilaton für Sofas und Sessel. Zartrosa Wände und ein Seegrasteppich bilden die Basis für das Konzept.

RETROLOOK

Tapeten mit großen geometrischen Mustern bilden automatisch den Mittelpunkt eines Raumes. Passende, aber neutrale Farben an den übrigen Wänden, auf Boden und Polstern schaffen ein ausgleichendes Gegengewicht.

ZAUBERHAFTE BLUMEN

Große Blumen verleihen einem Raum ländliches Flair, ohne verspielt zu wirken. Am besten mit markant gewebten Naturteppichen und Wänden in weichen Cremetönen ergänzen.

KLASSISCH KÜHL

Fliesen im Delfter Stil machen sich gut als Akzente auf einer uni weiß gefliesten Wand im Bad; dazu passen getünchte Wände in Offwhite, weiße Vorhänge und Handtücher. Ein Laminatboden in Eicheoptik sorgt für optische Wärme.

ANGENEHM NEUTRAL

Modern und luxuriös wirkt diese kleine Palette neutraler Töne in einem modernen Wohnzimmer. Das Tapetenmuster sorgt für Dynamik, Seidenvorhänge für einen Hauch Glamour und der Teppich für ein wohlig-wolliges Fußgefühl.

FRISCH UND SCHICK

Streifen und Blumen in ähnlichen Farben ergeben einen spannenden Mix, der für alle möglichen Räume geeignet ist, vom Bad bis zum Schlafzimmer. Wichtig: Wände und Boden sollten einen ruhigen Hintergrund aus uni Flächen bilden.

RUNDWEG ROT

Rot ist ausdrucksstark und eine ungewöhnliche Farbe für Wände. Gleichen Sie die lebhafte Dynamik mit einem hellen Teppich und farblich passenden Vorhängen, z. B. aus Toile-de-Jouy, aus.

DESIGNTRÄUME FÜR JEDERMANN

IDEEN SAMMELN

Es zahlt sich am Ende aus, vor dem Umgestalten viel Zeit ins Ideensammeln und Planen investiert zu haben. Ein wohl überlegtes Gestaltungskonzept hilft, Fehler zu vermeiden, und führt zu den besten Ergebnissen.

INFOS EINHOLEN

Wenn Sie bereits genau wissen, was Sie wollen, wird Ihnen der Entscheidungsprozess leicht fallen. Wenn nicht, lassen Sie sich von den verschiedenen Stilen inspirieren, die im Abschnitt Stil und Farben (ab Seite 10) vorgestellt werden.

Das Sammeln von Ideen ist ein ganz wichtiger Punkt im Gestaltungsprozess. Fündig werden Sie zum Beispiel in Einrichtungs- und Wohnmagazinen. Die gibt es im Zeitschriftenhandel oder leihweise in Büchereien; Sie können aber auch das Internet nach Online-Versionen durchstöbern.

Am besten legen Sie eine Mappe oder einen Dateiordner an, in denen Sie Wohnszenen sammeln, die Ihnen gefallen. Sortieren Sie die Bilder, etwa nach

Vorlieben erkennen

Schauen Sie sich Ihre Bildersammlung an und stellen Sie sich Fragen dazu:

- Warum gefallen mir diese Räume?
- Haben meine Auswahlmuster eine bestimmte Atmosphäre gemein?
- Gibt es Farben, Materialien, Motive oder Texturen, die immer wiederkehren?
- Welche Looks oder Effekte gefallen mir überhaupt nicht?

Ideen für Gestaltungskonzepte können aus allen möglichen Quellen stammen; hier zum Beispiel gab der große chinesische Schrank den Ausschlag für ein fernöstlich orientiertes Wohnzimmer.

Eine Umgestaltung haucht Ihrem Wohnzimmer neues Leben ein; aber überlegen Sie vorher gut, wie die einzelnen Elemente – Teppich, Vorhänge, Accessoires – aussehen sollen. Nach sorgfältiger Planung können Sie Ihr Werk (oder das der Handwerker) bald entspannt genießen.

Raumnutzung – das bietet sich an, wenn Sie nur einen Raum neu gestalten wollen. Alternativ können Sie sie nach Farben, nach Stilen – ethnisch, maritim oder Ähnliches – gruppieren, oder nach den Stimmungen, die von den bestimmten Kombinationen von Möbeln, Farben und Mustern erzeugt werden. Beim Durchschauen und Sortieren werden Sie feststellen, was Sie wirklich anspricht und was überhaupt nicht.

Weitere Anregungen sollten Sie sich in echten Häusern holen, bei Freunden oder in öffentlichen Gebäuden. Denken Sie an Orte, die Sie besucht haben, im In- und Ausland, und überlegen Sie, was Ihnen gefallen hat.

Wenn Sie gerne eine bestimmte Atmosphäre schaffen möchten, überlegen Sie, was typisch für diesen Ort war. War es dort gemütlich, warm, hell, frisch? War die Einrichtung farbenfroh oder neutral, das Mobiliar voller wertvoller Patina oder schick und neu?

Und nicht zuletzt können Sie Einrichtungshäuser besuchen. Dort gibt es Musterpaletten für Stoffe und Tapeten und fast immer auch aufgebaute Wohnszenarien, an denen Sie sehen können, wie Stoffe und Farben auf unterschiedlichste Weise gelungene Verbindungen eingehen.

Blättern Sie Musterbücher durch und schauen Sie sich an, wie Farben und Stile der Stoffe und Tapeten zusammen wirken. Fragen Sie nach Proben von Farben, nach Mustern von Tapeten, Stoffen und Bodenbelägen zum Mitnehmen und legen Sie sie zu Hause aus.

Manche Einrichter bieten einen Beratungsservice an – erkundigen Sie sich nach den Preisbedingungen. Eine Beratung ist dann sinnvoll, wenn Sie so gar nicht wissen, was Sie wollen. Fragen Sie auch nach, wenn Sie sich z. B. für bestimmte Tapetenmuster entschieden haben, aber keine passende Kombifarbe dazu finden – Fragen kostet nichts.

MEINUNGEN EINHOLEN

Der nächste Schritt besteht darin, andere zu Rate zu ziehen. Es hat keinen Sinn, sich auf etwas zu versteifen, das hochgradig unpraktisch wäre oder das Budget sprengen würde.

Freunde und Familie sind da eine unverzichtbare Hilfe. Zeigen Sie ihnen Ihre Mustersammlung und fragen Sie sie nach ihrer Meinung. Wenn jemand Erfahrung etwa mit einem bestimmten Fußboden hat – gut für Sie, profitieren Sie davon. Falls Sie nicht gerade allein leben, reden Sie auch mit Ihren Mitbewohnern, denn auch ihnen muss die Einrichtung gefallen. Kompromisse zu schließen kann auch die Auswahl einschränken, sodass es am Ende leichter wird, sich für Farben, Materialien und Muster zu entscheiden.

Denken Sie immer auch an den praktischen Faktor, wenn Sie nach Materialien und Farben suchen, sei es für Böden, Wände, Vorhänge oder Polsterbezüge. Vielleicht können Sie gleich ein paar Ideen von Ihrer Liste streichen, wenn Sie erkennen, dass sich diese oder jene Wahl als nicht alltagstauglich erweisen würde. Im Abschnitt „Raumplanung" (Seite 64) finden Sie mehr Informationen über bestimmte Materialien und für welche Nutzung sie geeignet sind. Reden Sie auch mit

Tipp

Es lohnt sich oft, ein größeres Muster von Stoffen oder Tapeten zu leihen oder zu kaufen. Das gilt vor allem, wenn Sie sich für große Motive entscheiden; anhand der kleinen Musterquadrate, die man bei Einrichtern erhält, lässt sich kein realistischer Eindruck gewinnen.

Einrichtungsfachleuten in Möbel- oder Kaufhäusern – sie kennen sich aus mit Materialien und können auch Tipps geben, welche Tapeten man gut kombinieren kann. Schauen Sie sich möglichst viele reale eingerichtete Räume an; zu sehen, wie etwas „in echt" wirkt, wird Ihre Entscheidung mit Sicherheit beeinflussen.

Gehen Sie beim Planen Schritt für Schritt vor: Erst der Bodenbelag, dann die Farbe für Wände und Polster und schließlich die dekorativen Details, die den Raum lebendig und interessant machen.

DIE RICHTIGE KOMBINATION FINDEN

Es ist der Mix aus Farben und Mustern, der Ihrem Raum das gewisse Etwas verleiht. Aus Ihrer Sammlung von Bildern und Proben müssen Sie die richtige Mischung für Ihren Raum wählen – aus Stoffen, Bodenbelägen, Polsterbezügen und dekorativen Extras.

Suchen Sie sich für den Anfang ein Material aus, eine Farbe oder ein Muster – etwas, das für den Raum charakteristisch sein soll: eine Tapete oder einen Teppich. Dies wird die Basis für Ihr Gestaltungskonzept.

Als Nächstes bringen Sie mit Farben, Mustern und Texturen Leben in das Bild; diese Elemente verleihen einer Einrichtung Charakter. Möbel, Lampen und Vorhänge bestimmen den Stil und die Atmosphäre eines Raumes entscheidend mit.

Besonderen Charme erhält Ihr Raum am Ende mit den dekorativen Details – jetzt können Sie Ihre Persönlichkeit mit einbringen. Es kann dauern, bis Sie die richtige Kombination gefunden haben. Lassen Sie sich nicht entmutigen, und probieren Sie Ihre Ideen, wenn möglich, aus, bevor Sie Geld ausgeben.

Ein leerer Winkel in einem offenen Speisezimmer wurde hier in eine gemütliche Sitzecke verwandelt.

Insiderinfo

Farben wirken in jedem Licht anders. Künstliches Licht aus Energiesparlampen ist weißlich, und so verändert sich die Wirkung mancher Anstriche und Tapeten am Abend. Lassen Sie Ihre Musterproben an verschiedenen Stellen im Raum eine Weile liegen, um zu sehen, wie sie sich im Laufe des Tages im wechselnden Licht verwandeln.

Haushaltsraum oder begehbarer Kleiderschrank – vielleicht haben Sie einen kleinen Extraraum, den Sie praktisch nutzen können.

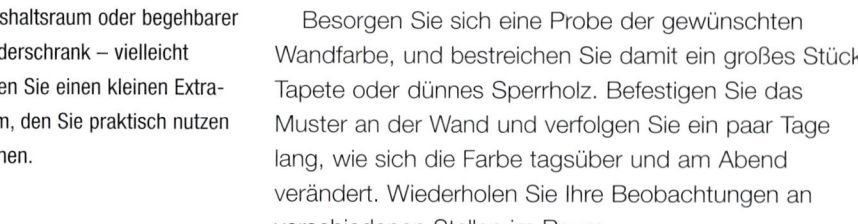

Besorgen Sie sich eine Probe der gewünschten Wandfarbe, und bestreichen Sie damit ein großes Stück Tapete oder dünnes Sperrholz. Befestigen Sie das Muster an der Wand und verfolgen Sie ein paar Tage lang, wie sich die Farbe tagsüber und am Abend verändert. Wiederholen Sie Ihre Beobachtungen an verschiedenen Stellen im Raum.

Bei Stoffen sollten Sie immer versuchen, ein größeres Muster auszuleihen (vielleicht gegen Pfand). Wenn das nicht geht, kaufen Sie einen Meter davon. Drapieren Sie den Stoff über das vorhandene Sofa oder am Fenster, um zu sehen, wie er wirkt. Wenn Sie von einer Tapete kein Muster bekommen können, kaufen Sie eine ganze Rolle – auf lange Sicht sparen Sie immer noch, auch wenn Sie sich am Ende gegen das Design entscheiden. Befestigen Sie ein Stück an der Wand, und verfolgen Sie die Wirkung im Verlauf des Tages. Machen Sie sich bewusst, ob Ihnen Farbe, Muster und allgemeiner Eindruck gefallen.

Sobald Sie Ihre großen Muster über Wände und Boden verteilt haben, heißt es Hand aufs Herz: Gefällt mir die Kombination? Ist sie mir entspannend, fröhlich, gemütlich, farbenfroh und einladend genug? Gefällt sie meinem Partner, meiner Familie auch?

Stimmungsbild

Einrichter benutzen sogenannte Moodboards, wenn sie ihren Kunden Ideen präsentieren. Dazu arrangieren sie die Muster auf einem großen Stück Pappe, um den Eindruck der gewählten Kombination zu simulieren. Für den privaten Zweck können Sie auf die Pappe verzichten: Einfach die Muster zusammenlegen und schauen, wie sie gemeinsam wirken. Benutzen Sie möglichst unterschiedlich große Muster: ein großes vom Teppich, denn der nimmt den größten Teil des Raumes ein, ein kleineres vom Sofabezugsstoff, ein noch kleineres vom Kissenstoff – so bekommen Sie gleichzeitig einen Eindruck von den Proportionen und dem optischen Gewicht der einzelnen Designs.

ZU GUTER LETZT: DAS BUDGET

Es ist nicht unbedingt der spannendste Teil des Einrichtungsprozesses, aber mit Sicherheit einer der wichtigsten. Überschlagen Sie mit nüchternem Blick alle Material- und Arbeitskosten, damit Sie später keine bösen Überraschungen erleben.

Auch beim Einrichten gilt: Eine schlechte Planung lässt schnell die Kosten explodieren. Überdenken Sie gut, wie viel Geld Sie zur Verfügung haben – das wird Ihre Entscheidungen beeinflussen und dafür sorgen, dass Sie Ihr Projekt nicht vorzeitig abbrechen müssen.

Überlegen Sie, wofür Sie Geld brauchen. Ein neues Schlafzimmer etwa erfordert:

□ Fußboden
□ Anstrich oder Tapete oder beides
□ Vorhänge oder sonstige Fensterdekorationen
□ Vielleicht neue Möbel und Bettwäsche.

Jeder einzelne Posten bietet einen großen Preisspielraum und kann ein Budget sprengen.

Wenn Sie Ihr Herz an ein unerschwingliches Stück verloren haben, suchen Sie Alternativen: Vielleicht können Sie statt des zu teuren Vorhangstoffes einen günstigeren nehmen und den teuren als Bordüre verwenden; oder Sie nehmen Rollos statt Vorhängen, die viel weniger Stoff benötigen. Ebenso könnte eine teure Tapete vielleicht nur an einer Wand einen Akzent setzen.

Wenn die Mittel für eine bestimmte Wahl einfach nicht reichen, gehen Sie auf Inspirationssuche; vielleicht finden Sie woanders etwas Ähnliches für weniger Geld. Nehmen Sie Ihr Ideal als Bild im Kopf oder als Muster mit. Schauen Sie in Baumärkten nach Lampen – Sie werden schöne Exemplare finden, Kopien von Designerstücken, die aber nur einen Bruchteil davon kosten; und wenn es nicht Marmor sein kann, dann eben ein Belag in Marmoroptik.

VERSTECKTE KOSTEN

Achten Sie auch auf mögliche verborgene Extrakosten.
Boden: Für einen neuen Teppich muss oft erst der Untergrund vorbereitet werden; die meisten Hartböden müssen von Fachleuten verlegt werden.
Vorhänge: Kosten verursachen außer dem Stoff das Futter, Kräuselband, Stange oder Schiene.
Beleuchtung: Nicht nur bei komplexeren Anschlüssen muss oft ein Elektriker ran.
Arbeit: Wer nicht selbst Hand anlegt, muss fürs Malern, Tapezieren und Fliesenlegen bezahlen.

Die preiswerteste Variante, eine neue Küche zu bekommen: einfach die Fronten statt der ganzen Möbel ersetzen.

Ultra stylish oder zeitlos schön?
Was heute angesagt ist, kann morgen schon total aus der Mode sein. Falls Sie sich nicht regelmäßig neu einrichten, sollten Sie hochwertige Klassiker wählen, die Sie auch morgen noch gern anschauen.

DIE MENGE MACHT'S

Wie viel Geld Sie ausgeben müssen, hängt unter anderem davon ab, welche Mengen Sie von Ihren Materialien benötigen. Wenn Sie unsicher sind, lassen Sie Experten die Kosten kalkulieren.

WIE VIELE LITER FARBE?

Berechnen Sie zunächst die Größe der Fläche, die gestrichen werden soll (Höhe x Breite). So erhalten Sie die Quadratmeterzahl. Fenster oder Türen müssen nicht abgezogen werden.

Als grober Richtwert gilt: 1 Liter Farbe reicht für 11 bis 13 qm Wand oder Decke. Da die Deckkraft von Farbe zu Farbe variiert, lesen Sie aber vorher auf dem Etikett unbedingt die Angaben des Herstellers.

Um herauszufinden, wie viel Liter Farbe Sie benötigen, müssen Sie nur die errechneten Quadratmeter Ihrer Fläche durch die angegebene Deckkraft pro Liter teilen, nach unserem Richtwert also durch 11–13.

Innenraumfarbe ist in der Regel im 2,5-, 5- oder 10-Liter-Eimer erhältlich. Kaufen Sie auf jeden Fall genügend Farbe für den Erstanstrich, vor allem wenn die Farbe eigens angemischt wurde.

Tipp

Wie viel Farbe Sie benötigen, hängt auch davon ab, wie die vorhandene Wand aussieht: Auf einem dunklen Untergrund sind mehr Schichten erforderlich, damit die Farbe deckt, als auf einer hellen Fläche.

WIE VIEL TAPETE?

Tapeten werden als Rollen angeboten, die unterschiedlich breit liegen (ab ca. 45 cm) und meist 10 m lang sind. Um herauszufinden, wie viele Rollen Sie benötigen, müssen Sie zunächst ausrechnen, wie viele Bahnen Wandhöhe eine Rolle hergibt.

1. Messen Sie die Höhe der Wand, abzüglich breiterer Fuß- oder Zierleisten. Addieren Sie 10 cm als Überstand. Hat die Tapete ein Muster, messen Sie die Länge des Musters aus (Tapetenkataloge geben das als Rapport an), und addieren Sie dieses Maß zu der ermittelten Wandhöhe plus Überstand: So lang muss jede Tapetenbahn sein.
Formel: Wandhöhe + 10 cm + Musterrapport = Länge einer Tapetenbahn.

2. Um herauszufinden, wie viele Bahnen Sie aus einer Rolle erhalten, teilen Sie die Gesamtlänge der Rolle durch die errechnete Länge der Bahn.
Formel: Länge der Rolle (meist 10 m) ÷ Länge der Bahn = Menge der Bahnen pro Rolle.

Die Wände einfach zu streichen ist eine rasche und kostengünstige Möglichkeit, Farbe und Atmosphäre in ein Schlafzimmer zu bringen. So bleibt mehr Geld übrig für glamouröse Bettwäsche und dekorative Details wie Bilder oder Drucke.

3. Als Nächstes messen Sie die Breite der Wände, die tapeziert werden sollen, und addieren die Werte. Nun teilen Sie diese Summe durch die Breite der Rolle. So errechnen Sie, wie viele Bahnen Sie kleben müssen.
Formel: Gesamtbreite der Wände ÷ Breite der Rolle (z. B. 52 cm) = Menge der erforderlichen Bahnen.

4. Um zu wissen, wie viele Rollen Sie kaufen müssen, teilen Sie die Gesamtmenge der Bahnen, die Sie brauchen, durch die Anzahl der Bahnen pro Rolle. Runden Sie auf eine glatte Zahl auf, so haben Sie Ersatz, falls etwas schiefgeht.
Formel: Gesamtmenge der erforderlichen Bahnen ÷ Anzahl der Bahnen pro Rolle + X = Menge der Rollen, die Sie kaufen müssen.

Wenn Ihre Rechnung bei Punkt 2 nicht ganz aufgeht – es z. B. 3,75 Bahnen sind –, müssen Sie bis auf die nächste glatte Zahl abrunden (aus zwei Rollen erhalten Sie hier also 6 Bahnen und nicht 7). Bedenken Sie aber, dass Sie die zu kurzen Stücke ebenfalls verwenden können, etwa für Fensternischen oder über Türen.

Wenn Sie sich für eine großgemusterte Tapete wie diesen ausdrucksstarken Blumenprint entscheiden, können Sie nicht aus einer kleinen Musterprobe schließen, wie die ganze Wand wirken wird. Kaufen Sie, falls Sie kein größeres Muster bekommen, eine Rolle vorab und hängen Sie eine Bahn auf, um Farben und Muster auf sich wirken zu lassen.

Tipp
Kaufen Sie immer Tapeten derselben Charge, um Farbschwankungen zu vermeiden. Um welche Charge es sich handelt, erkennen Sie an der Chargennummer auf der Rolle.

BODENBELÄGE

Teppiche und viele andere Bodenbeläge wie PVC, Linoleum oder Laminat werden quadratmeterweise verkauft. Messen Sie die exakte Länge und Breite Ihres Bodens aus, und errechnen Sie die Quadratmetermenge, indem Sie die Werte miteinander multiplizieren.

Tipp

Wenn Sie den Boden von Profis verlegen lassen, vereinbaren Sie zuvor einen Besichtigungstermin. Auf diese Weise bekommen Sie verlässliche Auskünfte dazu, ob der Untergrund in Ordnung ist und welcher Belag sich am besten eignet.

UNTEN Laminat ist eine preiswerte und praktische Lösung für Familien. Wenn Sie sich mit Heimwerken auskennen, können Sie sich durchaus selbst ans Verlegen wagen – ansonsten lassen Sie sich von Ihrem Händler einen Bodenleger empfehlen.

FLIESEN

Fliesen werden pro Stück oder pro Quadratmeter angeboten. Errechnen Sie anhand von Höhe und Breite der zu fliesenden Fläche die Quadratmetermenge. Um herauszufinden, wie viele Fliesen Sie brauchen, teilen Sie die Gesamtfläche durch die Fläche der einzelnen Fliese. Addieren Sie 10 Prozent für Abfall und Bruch.

OBEN Fliesen sind die ideale Wahl für Badezimmer. Wenn Sie zum ersten Mal selbst Hand anlegen, probieren Sie es erst einmal auf einer kleinen Fläche aus, zum Beispiel über dem Waschbecken.

Tipp

Kaufen Sie Fliesen immer aus derselben Charge, um Farbschwankungen zu vermeiden. Nehmen Sie immer ein paar Fliesen mehr, um Ersatz zu haben, falls irgendwann eine Reparatur nötig wird.

MASSE FÜR VORHÄNGE NEHMEN

Stoffe für Vorhänge und Rollos werden am laufenden Meter verkauft. Wie viel Sie brauchen, hängt nicht nur von Art und Größe Ihres Fensters ab, sondern auch von Stil, Farbe und Muster.

Um zu wissen, wie viel Stoff Sie benötigen, müssen Sie zunächst Ihr Fenster vermessen. Am einfachsten ist das, wenn die Stange oder Schiene bereits angebracht ist. Andernfalls müssen Sie zunächst die Position der Aufhängung festlegen.

1. Messen Sie die Länge der Stange oder Schiene. Je nach Stil der Aufhängung brauchen Sie vom Stoff mindestens die 1,5-fache Breite der Länge der Stange. Als Faustregel gilt: Je dichter die Faltung, desto mehr Stoff ist nötig; bei 4-fach-Faltung kann es auch mal die 2,5-fache Breite sein.

2. Multiplizieren Sie die Länge der Stange/Schiene mit X (X: Stoffbedarf je nach Faltung, s. Punkt 1), dann addieren Sie pro Schal 7,5 cm als Nahtzugabe. Die Summe teilen Sie durch die Breite der Bahn des gewählten Stoffes, so erhalten Sie die Anzahl der Stoffbahnen, die Sie pro Schal benötigen.

3. Legen Sie fest, wie lang der Vorhang werden soll: z. B. bodenlang oder bis zum Fenstersims. Messen Sie vom gewählten Punkt bis zur Oberkante bzw. Unterkante der Stange/Schiene, je nach Aufhängung, addieren Sie 15–25 cm Nahtzugabe für Saum und Köpfchen. Das Ergebnis ist die Arbeitslänge der Bahnen. Hat der Stoff ein sich wiederholendes Muster, einen sogenannten Rapport, müssen Sie entsprechend mehr zugeben (Seite 180).

4. Multiplizieren Sie die Anzahl der benötigten Stoffbahnen mit der Arbeitslänge (inklusive Zugabe für Rapport), und Sie wissen, wie viele Meter Stoff Sie kaufen müssen.

Und so sieht die Formel aus:

Anzahl der Stoffbahnen x (Arbeitslänge der Bahnen + Zugabe für Rapport) = Anzahl der zu kaufenden Meter Stoff.

> Großzügig bemessene Vorhänge machen ein Fenster zum Blickfang und bilden einen Rahmen für die Aussicht. Ziehen Sie sie beiseite, um das Licht hereinzulassen.

Ein Fall für Profis

Am besten nehmen Sie Ihre Fenstermaße mit in den Laden und lassen Fachverkäufer die Berechnung erledigen: Das endgültige Maß kann ohnehin nur anhand des gewählten Stoffes berechnet werden. Sie können auch einen Vorhangprofi nach Hause bestellen, der gleich selbst die Maße nimmt. Auf diese Weise wissen Sie genau, dass die Vorhänge später passen – und wenn nicht, haben Sie jemanden, der das Problem beheben muss.

LINKS Reste teurer Stoffe müssen nicht in den Müll. Machen Sie passende Kissenbezüge daraus.

GEGENÜBER Schlichte Raffrollos aus leichter Baumwolle lassen diffuses Tageslicht in den Raum.

MUSTERRAPPORT

Gemusterte Stoffe haben einen sogenannten Rapport, das ist der Abstand von einem Musteranfang zum nächsten. An vertikalen Nähten muss der Rapport genau treffen, damit der fertige Vorhang aussieht wie aus einem Stück gemacht. Das Gleiche gilt für die beiden Vorhangteile – das Muster muss rechts auf der gleichen Höhe sein wie links. Für die Praxis bedeutet das: Bei kleinen Mustern müssen Sie nur wenig mehr kaufen, bei großen dagegen brauchen Sie möglicherweise wesentlich mehr Stoff und haben am Ende große Reststücke übrig. Im Fachgeschäft können Sie sich bei Maßen und Mengen beraten lassen. Ansonsten gilt: den Rapport, also die gesamte Breite des Musters, ausmessen und diesen Wert zur ermittelten Arbeitslänge pro Bahn addieren.

Tipp

Wenn die Stange sichtbar bleiben soll, messen Sie ab der Unterkante der Ringe. Schienen allerdings sollten immer verdeckt sein, wenn der Vorhang zugezogen ist.

ROLLOS AUSMESSEN

Bei Rollos hängen die Maße stark davon ab, um welche Art von Rollo es sich handelt und ob es in der Fensterlaibung oder davor angebracht wird. Raffrollos mit ihren üppigen Faltungen erfordern eine besonders sorgfältige Berechnung.

Für ein Rollo, das in die Nische kommt, messen Sie Höhe und Breite der Fensterlaibung. Für einfache Rollos müssen Sie von der Breite ca. 3 cm für den Rollmechanismus abziehen und 30 cm in der Höhe zugeben; so haben Sie ausreichend Saumzugabe, und die Rolle bleibt auch bei heruntergezogenem Rollo immer unsichtbar.

Wenn das Rollo vor der Fensternische hängen soll, messen Sie von dem Punkt ab, wo Sie die Rolle befestigen möchten, bis dorthin, wo das Rollo enden soll, in Höhe der Fensterbank oder tiefer. Messen Sie die Breite der Fensternische. Wenn das Rollo richtig abdunkeln soll, addieren Sie 10 cm in der Breite.

Da die Stoffmenge von der Art des Rollos abhängt, sollten Sie einfach die ermittelten Maße mit in den Deko- oder Jalousienladen nehmen. Dort können Sie sich zu Rollos und Stoffen beraten und die erforderliche Stoffmenge anhand Ihrer mitgebrachten Maße errechnen lassen.

RICHTIG PLANEN

Legen Sie die Arbeitsschritte vor Beginn genau fest, das erleichtert Ihnen das ganze Vorhaben. Einen Raum nur zu renovieren ist noch eine relativ leichte Aufgabe, aber komplexere Projekte müssen bis ins Detail geplant werden.

ORGANISATION IST ALLES

Ob groß oder klein – ein Renovierungsprojekt sollte in dieser Reihenfolge angegangen werden:

Planung: Dazu gehören das Ausloten sämtlicher Optionen, die Budgetplanung, die Auswahl der Materialien nach ästhetischen, praktischen und finanziellen Gesichtspunkten und je nach Umfang auch das Hinzuziehen von Architekten und Handwerkern.

Materialsuche: Quellen für Deko- und Bezugsstoffe, Bodenbeläge und Baumaterial finden. Wenn Sie Handwerker beschäftigen, stellen Sie sicher, dass zweifelsfrei klar ist, welche Materialien Sie haben wollen und wer sich um die Bestellung kümmert.

Die Arbeit selbst: Ob Sie selbst Hand anlegen oder Profis beauftragen – die Arbeiten sollten immer in einer logischen Abfolge erledigt werden. Wenn Sie größere Projekte planen, überlegen Sie, ob Sie nicht einem Komplettanbieter die Bauleitung übertragen, statt die einzelnen Gewerke selbst zu beauftragen. Dann müssen Sie sich nicht um die Koordination kümmern.

Tipp

Damit Ihre Renovierung ein Erfolg wird, müssen Sie sicher sein, dass Sie den für Ihr Konzept benötigten Platz auch zur Verfügung haben. Wenn Sie Zweifel haben, ob Sie richtig geplant haben, schauen Sie sich die Empfehlungen im Abschnitt Raumplanung (ab Seite 64) an.

DAS RICHTIGE TIMING

Renovieren braucht Zeit, und da verschätzt man sich leicht. Setzen Sie sich keine unrealistischen Ziele und Termine, etwa den nächsten Urlaub oder die Geburt eines Babys, denn so erzeugen Sie nur Stress. Gute Einrichter und Handwerker sind meistens viel beschäftigte Leute, und Sie müssen damit rechnen, dass es eine Weile dauert, bis sie anfangen können. Lassen Sie sich von den Profis eine realistische Einschätzung geben, wie lange die Arbeiten dauern werden, damit Sie planen können.

Wenn Sie selbst tätig werden, versuchen Sie, nüchtern abzuschätzen, wie viel Zeit Sie an Feierabenden und Wochenenden investieren können. Die Vorbereitungen sowohl im Planungsstadium als auch die Vorarbeiten im zu renovierenden Raum plus der Umbau selbst erfordern meist viel mehr Zeit als gedacht, vor allem, wenn Sie nur nebenher heimwerken und ansonsten einen Vollzeitjob ausüben und Familie haben.

Lohnende Mühe: Spezialanfertigungen wie dieses multifunktionale Einbauregal in einem viel frequentierten Winkel einer Wohnküche erfordern viel Zeit im Planungsstadium, machen aber das Beste aus dem vorhandenen Platz.

Eine neue Küche einzubauen bedeutet, die alte abzuschlagen, eventuell neue Installationen vorzunehmen, zusätzliche Steckdosen und Schalter anzubringen, vielleicht sogar neue Leitungen zu verlegen; anschließend streichen, tapezieren oder Fliesen legen, dann die neuen Möbel und Geräte aufstellen.

RENOVIEREN NACH PLAN: ABFOLGE DER ARBEITSSCHRITTE

Sobald die Planung abgeschlossen ist und alle Materialen bestellt sind, kann der Umbau beginnen. Achten Sie darauf, dass die Arbeiten in einer logischen Reihenfolge erledigt werden, dass z. B. alle strukturellen Veränderungen vor der Neugestaltung passieren.

Kleinere Projekte, die keine Bautätigkeit erfordern, sollten Sie in dieser Reihenfolge abarbeiten:

1. Installationen: Klempnerarbeiten beeinträchtigen meist direkt den Alltag, da für einige Zeit das Wasser abgestellt werden muss. Bleiben die alten Anschlüsse, wie sie sind, kann ein neues Bad und WC innerhalb eines Tages eingebaut werden. Eine neue Dusche oder Toilette benötigt mehr Zeit. Die Installationsarbeiten müssen abgeschlossen sein, ehe mit der übrigen Renovierung begonnen werden kann.

2. Elektrik: Neue Stromleitungen und Steckdosen kommen dran, wenn der Raum möglichst leer ist; frisch geklopfte Wandschlitze und neue Dosen können dann bei der Neugestaltung der Wände und Decken gleich verspachtelt und verdeckt werden.

3. Putzarbeiten: Neuer Putz sollte genug Zeit zum Trocknen haben, ehe gestrichen oder tapeziert wird.

4. Wandgestaltung: Zuerst wird gefliest, dann gestrichen. Gestrichen werden zuerst Decke und Wände, anschließend das Holz. Tapeziert wird nach dem Fliesenlegen und Streichen.

5. Bodenbeläge: Wenn Decke und Wände fertig sind, können Sie den neuen Boden verlegen.

6. Möbel: Sobald Wände und Boden bereit sind, kommen die Möbel ins Spiel. Lassen Sie neue Möbel erst liefern, wenn alles fertig ist.

7. Bilder und Deko: Zum Schluss wird dekoriert.

Tipps

Wenn Sie neue Einbaumöbel bekommen, etwa eine Küche oder Schlafzimmerschränke, sollten Sie warten, bis sie installiert sind, ehe Sie streichen oder einen Bodenbelag verlegen.

Das Dekorieren kommt zum Schluss – allerdings nicht, wenn Sie Ihre Kunstwerke ins rechte Licht setzen wollen. Wenn neue Stromkabel oder Steckdosen nötig sind, müssen Sie im Planungsstadium bereits wissen, wo genau Ihre Bilder hängen werden.

DO IT YOURSELF ODER NICHT?

Es gibt viele Arbeiten, die jeder einigermaßen geschickte Heimwerker selbst erledigen kann. Andere dagegen erfordern besondere Fertigkeiten, und manche überlässt man besser gleich den Profis, um kostspielige Fehler zu vermeiden.

Ein paar handwerkliche Grundfertigkeiten zu erlernen spart Zeit und Geld. Mit gutem Werkzeug können Sie sich durchaus selbst an einfachere Arbeiten wagen. Bilder aufhängen, Baukastenmöbel anhand der Anleitung zusammenschrauben – das sind Dinge, die jeder bewerkstelligen kann. Versuchen Sie es einfach – und scheuen Sie sich nicht, Freunde und Verwandte um Rat zu bitten, die vielleicht in Renovierungsangelegenheiten erfahrener sind als Sie.

Kaufen oder mieten?
Geräte für spezielle Arbeiten müssen Sie nicht unbedingt selbst anschaffen, wenn Sie sie nur einmal brauchen oder nur begrenzten Stauraum besitzen. In vielen Fachgeschäften und Baumärkten gibt es die Möglichkeit, z. B. Schleif maschinen oder lange Leitern gegen Gebühr auszuleihen.

RENOVIERUNGSARBEITEN

Baukastenmöbel zusammenbauen

ART DER ARBEIT	Pressholzteile mit Schrauben und Nägeln miteinander verbinden
SCHWIERIGKEIT	Gering
SELBER MACHEN?	Ja, mit ein wenig Selbstvertrauen

Regale an der Wand befestigen

ART DER ARBEIT	Genau Maß nehmen, Löcher bohren, Regal an die Wand dübeln
SCHWIERIGKEIT	Niedrig bis mittel
SELBER MACHEN?	Ja, mit ein wenig Selbstvertrauen

Teppich verlegen

ART DER ARBEIT	Vorhandenen Bodenbelag entfernen, Untergrund vorbereiten, neuen Teppich zuschneiden und verkleben
SCHWIERIGKEIT	Hoch
SELBER MACHEN?	Nein, Teppich ist teuer, das Verlegen schwierig; diesen Job überlassen Sie besser Profis

Eine neue Tür einbauen

ART DER ARBEIT	Alte Zarge entfernen, neue einpassen, Scharniere anbringen, Türblatt einhängen, Beschläge anbringen
SCHWIERIGKEIT	Mittel bis hoch
SELBER MACHEN?	Ja, wenn nur das Türblatt ersetzt wird; Zargen ersetzen ist etwas für Profis.

Küche selbst montieren

ART DER ARBEIT	Alte Küche abschlagen, Küchenmöbel zusammenbauen, Wasser- und Abwasser anschließen, Arbeitsplatte zuschneiden und vieles mehr
SCHWIERIGKEIT	Hoch
SELBER MACHEN?	Nein, oder sind Sie fast Profi?

Fensterrahmen abschleifen

ART DER ARBEIT	Mit Schwingschleifer, Schleifpapier oder Abbeizer alte Farbe entfernen
SCHWIERIGKEIT	Niedrig bis mittel
SELBER MACHEN?	Ja, mit ein wenig Selbstvertrauen

Fensterriegel ersetzen

ART DER ARBEIT	Vorgefertigte Riegel an Fensterrahmen schrauben
SCHWIERIGKEIT	Niedrig
SELBER MACHEN?	Ja, mit ein wenig Selbstvertrauen

Innenwände und Holz streichen

ART DER ARBEIT	Oberflächen vorbereiten, streichen
SCHWIERIGKEIT	Niedrig bis mittel
SELBER MACHEN?	Ja, mit ein wenig Selbstvertrauen

Tapezieren

ART DER ARBEIT	Wände vorbereiten, Tapeten kleben
SCHWIERIGKEIT	Mittel; stark abhängig von der Architektur des Raumes und der Art der Tapete
SELBER MACHEN?	Ja, aber Anfänger sollten eine unprätentiöse Tapete nehmen, z. B. Raufaser, oder ein einfaches Muster

Bodendielen schleifen

ART DER ARBEIT	Boden vorbereiten (evtl. vorhandenen Belag entfernen), Raum abdichten, Dielen mit Schleifmaschine bearbeiten, lackieren, streichen oder mit Öl einlassen
SCHWIERIGKEIT	Mittel bis hoch
SELBER MACHEN?	Ja, aber bedenken, dass die Arbeit sehr anstrengend ist; schneller geht's beim Profi

Holz lasieren oder beizen

ART DER ARBEIT	Holzoberflächen vorbereiten (Möbel, Türen, Bodendielen), evtl. alte Farbschichten entfernen, schleifen, dann mit Lasur oder Beize einlassen
SCHWIERIGKEIT	Mittel
SELBER MACHEN?	Ja, mit ein wenig Selbstvertrauen; die erforderliche Zeit hängt von Zustand und Größe der Oberfläche ab

Böden oder Wände fliesen

ART DER ARBEIT	Oberfläche vorbereiten, Fliesen lotgerecht und flächig eben anbringen, zuschneiden, wenn erforderlich, verfugen und Kanten abdichten
SCHWIERIGKEIT	Mittel bis hoch
SELBER MACHEN?	Ja, mit ein wenig Selbstvertrauen; bei großen Fliesen oder Mosaik besser Profihilfe in Anspruch nehmen

Laminat verlegen

ART DER ARBEIT	Evtl. vorhandenen Belag entfernen, Paneele zuschneiden und verlegen, Fußleisten anbringen
SCHWIERIGKEIT	Mittel
SELBER MACHEN?	Ja, mit ein wenig Selbstvertrauen

Holzdielen verlegen

ART DER ARBEIT	Evtl. vorhandenen Belag entfernen, Dielen legen, versiegeln
SCHWIERIGKEIT	Hoch
SELBER MACHEN?	Nein, echte Holzdielen sind teuer, das Verlegen ist eine Sache für Fachleute

Holzmöbel abschleifen

ART DER ARBEIT	Mit Schleifpapier, Schwingschleifer oder Abbeizer alte Farbe oder Lasur entfernen
SCHWIERIGKEIT	Gering bis mittel
SELBER MACHEN?	Ja, mit ein wenig Selbstvertrauen

Vorhangstangen und -schienen oder Rollos aufhängen

ART DER ARBEIT	Befestigungen für Stange, Schiene oder Rolle an der Wand anbringen
SCHWIERIGKEIT	Gering bis mittel, je nach Fensternische
SELBER MACHEN?	Ja, mit ein wenig Selbstvertrauen; aber bei breiten Fenstern oder etwa bei Erkerfenstern wird die Befestigung schwieriger – hier sollten Sie Profis ans Werk lassen

PROFIS ENGAGIEREN

Es ist sehr wichtig, die richtigen Handwerker zu finden. Der Auftrag soll ja nicht nur pünktlich, ohne Zusatzkosten und erstklassig erledigt werden – ein gutes Verhältnis zu den Profis ist ebenfalls wichtig, schließlich verbringen sie geraume Zeit in Ihrem Haus.

HANDWERKER FINDEN

Gute Handwerker und Einrichter lassen Sie sich am besten von Freunden und Verwandten empfehlen. Irgendjemand hat bestimmt schon einmal etwas machen lassen und kennt einen zuverlässigen Fachmann. Sollten Sie auf diese Weise kein Glück haben, versuchen Sie es über Ihre regionale Handwerkskammer; ein Netzwerk der deutschen Kammern bietet im Internet einen Handwerkersuchservice an. Mitglieder der Kammer sollten eigentlich zuverlässig und kompetent sein, und wenn nicht, können Sie sich bei der Organisation beschweren.

Holen Sie immer Referenzen von anderen Kunden ein. Wenn eine Firma Ihnen keine Namen von zufriedenen Kunden nennen kann, seien Sie skeptisch. Wenn möglich – das gilt vor allem für größere Baumaßnahmen – schauen Sie sich eine Arbeit der Firma an, und fragen Sie den Auftraggeber, ob er mit Abwicklung und Ergebnis zufrieden ist. Wer ein fertiges Projekt mit eigenen Augen gesehen hat, kann auch Kostenvoranschläge besser einschätzen. Nicht immer ist das billigste Angebot das beste. Fragen Sie den Kunden, wie sich die Leute während der Arbeit verhalten haben:

Sie sollten wissen, was Sie erwartet, wenn die Profis sich bei Ihnen im Haus aufhalten. Sind sie pünktlich gekommen? Waren sie pünktlich fertig? Waren sie zuverlässig, sauber und ordentlich? Wurde der vereinbarte Preis eingehalten?

KOSTENVORANSCHLAG

Ehe Sie sich für eine Firma entscheiden, sollten Sie unbedingt Angebote von mindestens drei Konkurrenten einholen. So bekommen Sie eine realistische Vorstellung von den Kosten.

Dazu müssen Sie als Kunde ganz genau wissen, was Sie wollen, und das müssen Sie klipp und klar sagen. Manchmal ist es sinnvoll, Fotos oder Bilder aus Magazinen zu zeigen, um zu verdeutlichen, was Sie meinen. Formulieren Sie Ihre Vorstellungen schriftlich, und bitten Sie um ein schriftliches Angebot, in dem alle Arbeiten Punkt für Punkt aufgeführt sind und was die einzelnen Posten kosten; dazu gehören auch Dinge wie Müllentsorgung und Reinigung nach Abschluss der Arbeit.

Wenn Sie etwas nicht verstehen, lassen Sie sich nicht vom Fachjargon einschüchtern – fragen Sie nach. Missverständnisse können böse Folgen haben.

Änderungswünsche bei laufender Arbeit führen fast immer zu Mehrkosten. Wenn Sie etwas anders haben wollen, lassen Sie sich die Kosten erneut schriftlich veranschlagen.

Bei älteren Häusern wird oft eine Erweiterung des Bades oder eine Verlegung der Sanitäreinrichtungen gewünscht. Die Installationsarbeiten müssen dann vollständig abgeschlossen sein, ehe mit den übrigen Renovierungsarbeiten begonnen wird.

VERTRAG

Vereinbarungen schriftlich niederzulegen hilft, Probleme zu vermeiden. In den Vertrag mit einem Einrichter oder Innenausstatter gehören folgende Punkte:

☐ Art der Arbeit

☐ Termin der Fertigstellung

☐ Endgültiger Preis und Zahlungstermin, eventuell Raten oder Abzüge

☐ Was noch zum Auftrag gehört, etwa die Endreinigung und Entsorgung des entstandenen Mülls

☐ Was die Handwerker sonst noch benötigen – z. B. ein Miet-WC –, und wer dafür die Kosten trägt.

Anbauen oder das Entfernen von Innenwänden schafft Platz, etwa für eine großzügige Wohnküche.

Wann wird gezahlt

Im Voraus bezahlen sollte man grundsätzlich nicht; kleinere Firmen aber wissen Abschlagszahlungen zu schätzen, gerade wenn es um größere Arbeiten geht. Bei kleineren Aufträgen kann vorab ein Teil der Summe entrichtet werden, der Rest wird nach Abschluss aller Arbeiten bezahlt.

GRÖSSERE PROJEKTE

Kleinere Verschönerungsarbeiten sind meist kein Problem und machen Spaß. Manchmal aber sind massive Maßnahmen nötig, um Platz zu schaffen: Dann heißt es, Wände einzureißen, das Dachgeschosses auszubauen oder einen Anbau zu errichten.

ARTEN VON UMBAUMASSNAHMEN

Der Ausbau eines Dachbodens oder die Entfernung einer tragenden Wand schafft Platz oder passt den Grundriss Ihres Hauses Ihren Lebensgewohnheiten an. Solche Arbeiten aber sind langwierig, verursachen viel Schmutz und müssen detailliert geplant werden.

Zu den Umbauarbeiten zählen:

Umbau bestehender Räume – dazu gehört das Einreißen von Innenwänden, um z. B. aus zwei kleineren Räumen eine Wohnküche zu machen; Innenwände einziehen; ein Bad oder ein Gäste-WC einbauen.

Ausbau zu Wohnraum – wenn Speicher, Keller oder Garage in Wohnräume umgewandelt werden, z. B. in Arbeitszimmer, Gästezimmer oder Bad.

Kein Bau ohne Genehmigung

Größere Umbaumaßnahmen erfordern meist eine Baugenehmigung. Da die Vorschriften regional unterschiedlich sind, müssen Sie sich direkt bei Ihrer örtlichen Behörde erkundigen. Die Bauaufsichtsbehörde oder auch ein Architekt oder Bauingenieur kann Ihnen sagen, was Sie dürfen und was nicht. Architekten und Ingenieure können auch Entwürfe machen, Bauanträge einreichen und ortsansässige Baufirmen empfehlen.

Aufstockungen und Anbauten – Erweiterungen des Wohnraumes unterliegen strengen gesetzlichen Vorschriften; in aller Regel muss eine Baugenehmigung beantragt werden. Erkundigen Sie sich bei Ihrer örtlichen Bauaufsichtsbehörde (siehe Kasten).

Anbau eines Wintergartens – für Wintergärten gelten nicht ganz so strenge Richtlinien wie für gemauerte Anbauten. Sprechen Sie die Bauaufsichtsbehörde an. Vielleicht erfüllt auch diese Erweiterung bereits Ihre Bedürfnisse, ohne dass Sie sich mit komplizierten Anträgen aufhalten müssen.

Dachboden in Wohnraum
umzuwandeln schafft Platz.

BUDGETIERUNG

Wenn Sie Ihr Budget rechtzeitig planen, verlieren Sie
nicht die Kostenkontrolle. Nehmen Sie als Grundlage
die von Architekten und Handwerkern eingeholten
Kostenvoranschläge und rechnen Sie eine zusätzliche
Summe für Material hinzu, sofern Sie es selbst bestellen. Darüberhinaus empfiehlt es sich, etwa 10 Prozent
der Gesamtsumme zusätzlich parat zu halten, für den
Fall, dass etwas schiefgeht.

Aus Klein mach Groß: Mehrere
kleinere Räume wurden hier zu
einem weitläufigen Wohn- und
Essbereich zusammengelegt.

Wenn Sie in einem Reihenhaus
leben, müssen Arbeiter und
Materialien samt und sonders
durch die Vordertür. Fangen
Sie mit dem Umbau an der
Rückseite des Hauses an.

Stressvermeidung

Hier ein paar nützliche Tipps gegen Stress beim
Umbau:

• Ziehen Sie während der Arbeiten aus
• Schließen Sie Verträge
• Reden Sie mit Ihren Handwerkern
• Formulieren Sie klar und deutlich Ihre Wünsche.

PROJEKTMANAGEMENT

Handwerker im Haus zu haben kann extrem stressig
sein, selbst wenn alles nach Plan verläuft. Eine große
Umbaumaßnahme braucht einen Bauleiter, der regelmäßig auf der Baustelle vorbeischaut und das Bauteam
beaufsichtigt. Wenn Sie das nicht selbst übernehmen
können, beauftragen Sie einen Architekten oder
Bauingenieur.

BEVOR ES LOSGEHT

Die Arbeiten sollten in einer logischen Reihenfolge
erledigt werden (Seite 183), die allerdings von bestimmten Faktoren beeinflusst wird, von Umfang und
Art der Arbeiten, vom Grundriss Ihres Hauses und
von Ihren Lebensgewohnheiten. Folgende Punkte
sollten Sie berücksichtigen:

Zugänge: In Reihenhäusern mit nur einer Tür zur
Straßenseite sollten Renovierungsarbeiten von oben nach
unten durchgeführt werden, damit nicht frisch verlegte
Böden gleich wieder beschädigt werden. Bei freistehen-
den Häusern mit mehreren Zugängen können Sie auch
anders vorgehen, wobei es immer sinnvoll ist, möglichst
weit weg vom Zugang zu beginnen und sich dann
dorthin vorzuarbeiten.

Unterkunft: Bei größeren, lärmenden und langwierigen
Umbaumaßnahmen sollten Sie überlegen, vorübergehend
auszuziehen. Vielleicht können Sie sich auch in den Teil
des Hauses zurückziehen, in dem gerade nicht gearbeitet
wird. Informieren Sie die Handwerker über Ihre Pläne,
damit sie ihre Arbeitszeiten anpassen können.

Gefahren: Kinder und Haustiere haben auf Baustellen
nichts zu suchen. Setzen Sie sie nicht unnötig Gefahren
aus.

BEVOR DIE HANDWERKER KOMMEN

Entscheiden Sie, ob die Handwerker Ihre Küche und
Toilette benutzen dürfen. Wenn nicht, geben Sie
rechtzeitig Bescheid, damit sie anderweitige Lösungen
organisieren können. Räumen Sie Schränke und Regale
aus, entfernen Sie alle kleineren Gegenstände; bei den
großen Teilen helfen Ihnen bestimmt die Handwerker.
Denken Sie auch daran, die Versorgungswege frei-
zuhalten und z. B. Bilder und Pflanzen zu entfernen,
damit sie nicht beschädigt werden oder behindern.

BEI DER ARBEIT

Wenn Sie während der Maßnahmen nicht im Haus
wohnen, müssen Sie doch regelmäßig vorbeischauen,
um mit den Handwerkern in Kontakt und über den Stand

der Dinge auf dem Laufenden zu bleiben. Wenn Sie nicht zufrieden sind, sprechen Sie den Auftragnehmer so bald wie möglich darauf an. Probleme zwischen Handwerkern und Kunden entstehen häufig durch Missverständnisse. Sagen Sie klar und deutlich, was Sie zu bemängeln haben. Wenn Ihr Vertragspartner erraten muss, was Sie meinen, kann es passieren, dass Sie am Ende enttäuscht sind.

Sagen Sie auch klar und deutlich, wie sich die Leute im Haus verhalten sollen, welche Eingänge sie benutzen und welche Böden mit Schutzfolien oder Trittbohlen geschützt werden sollen.

Machen Sie nach Abschluss der Arbeiten eine ausführliche Abnahme mit Protokoll, um zu prüfen, ob alles vertragsgemäß erledigt wurde. Auf das Protokoll können Sie sich berufen, wenn im Nachhinein Mängel auftreten.

Einem Architekten die Umbauplanung anzuvertrauen kann sich lohnen – sein geübtes Auge erkennt besser, was aus den vorhandenen Räumlichkeiten zu machen ist.

Die lieben Nachbarn

Informieren Sie Ihre Nachbarn über Ihre Pläne, vor allem wenn sie davon betroffen sind, wenn etwa ein Gerüst auf deren Grund aufgestellt werden muss. Sorgen Sie dafür, dass die Handwerker Rücksicht nehmen, dass sie keinen Schmutz hinterlassen und möglichst wenig Lärm machen.

PRAXISTIPPS
KURZANLEITUNG HEIMWERKEN

Selbst zu renovieren spart nicht nur Geld, ein gelungenes Projekt erfüllt auch mit Stolz und Befriedigung. Wenn Sie noch nie selbst etwas gemacht haben, fangen Sie mit etwas Einfachem an. Malern, tapezieren oder einfache Fliesen verlegen – das können Sie auch als motivierter Anfänger. Folgen Sie einfach den Anweisungen auf den nächsten Seiten.

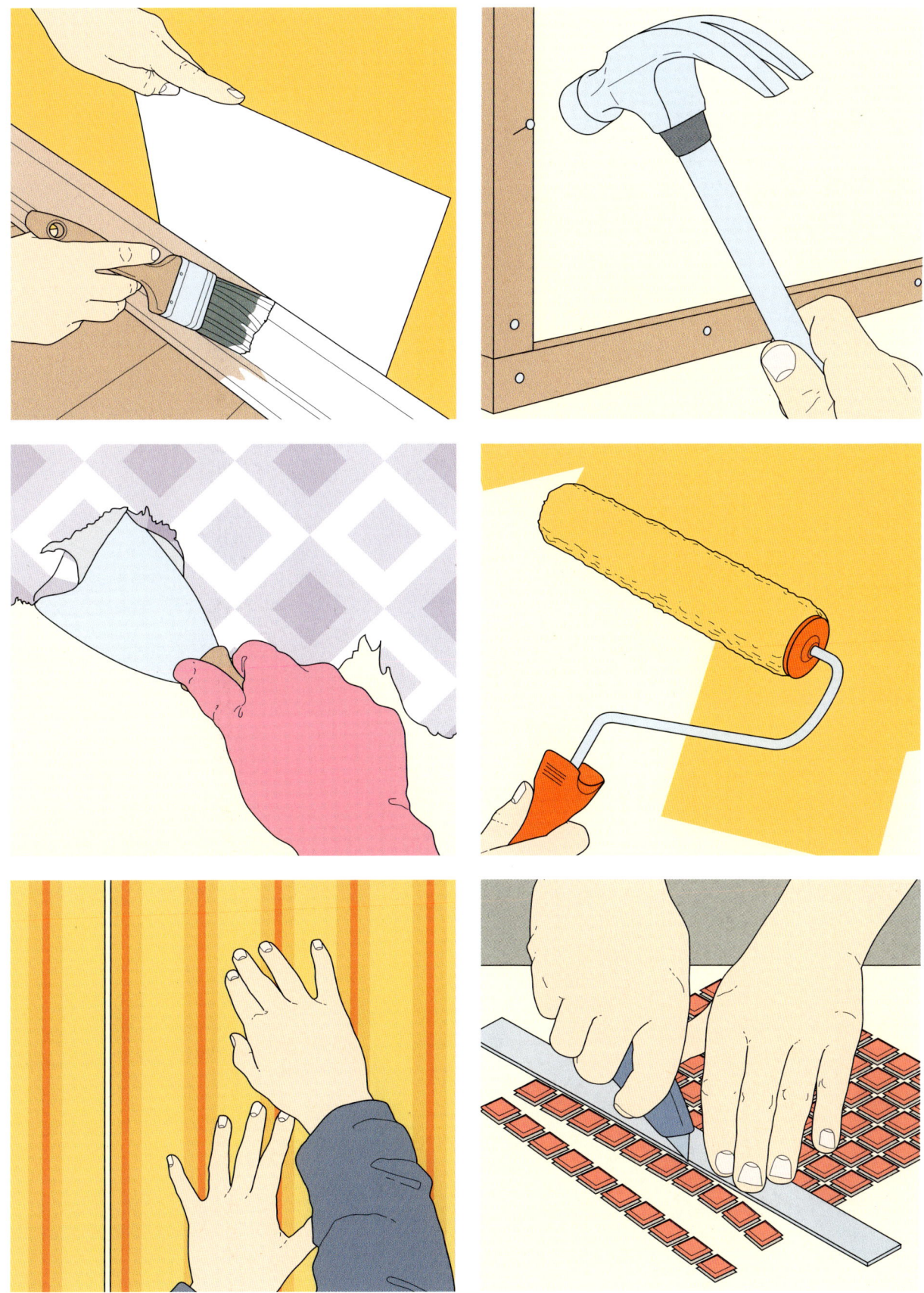

STREICHEN

Wändestreichen ist eine der schnellsten Methoden, um Farbe und Leben in einen Raum zu bringen, und viele machen das selbst. Für Neulinge gibt es hier ein paar nützliche Tipps, die es zu beachten lohnt.

VORARBEITEN

Das Vorbereiten der Oberflächen ist wichtig, damit die Wand nachher aussieht wie vom Profi gemacht. Gehen Sie wie folgt vor:

☐ Material und Arbeitsgeräte besorgen: Leitern, Schutzfolien, Farbe und Pinsel oder Farbwalze.

☐ Wände frei räumen: Möbel in die Zimmermitte schieben und mit Folien abdecken. Vorhänge und Bilder abhängen, Böden mit Folie abdecken.

☐ Wände reinigen: erst abstauben, dann mit Spülmittellösung oder Ablauger abwaschen, um Schmutz und Fett zu entfernen.

☐ Nägel und Haken entfernen: Löcher mit Spachtelmasse verspachteln; nach dem Abtrocknen schleifen, um die Oberfläche gleichmäßig zu glätten.

MATERIAL UND ARBEITSGERÄTE

☐ Renovierungsfolie

☐ Genügend Farbe für die erste Farbschicht (auf Seite 176 wird beschrieben, wie die Menge ermittelt wird)

☐ Pinsel: kleinere für Kanten und evtl. Holz, größere für die Hauptflächen bzw. Roller (siehe Kasten)

☐ Leiter

☐ Lappen, um Spritzer sofort wegzuwischen

☐ Lösungsmittel oder Terpentinersatz zum Reinigen der Pinsel, es sei denn Sie benutzen lösungsmittelfreie Farbe

☐ Alte Sachen zum Anziehen

Pinsel oder Farbwalze?

Pinsel: Malerpinsel werden in einer breiten Palette angeboten, vom Einweg-Exemplar mit Nylonborsten bis hin zu teuren Versionen mit Naturhaar. Ein Pinsel der mittleren Preisklasse ist für Heimwerkerprojekte ausreichend.

Walzen: Wenn Sie vorhaben, mehr als eine Wand zu streichen, lohnt sich auf jeden Fall die Investition in eine hochwertige Walze. Synthetikwalzen nehmen weniger Farbe auf als Lammfellwalzen, sind aber günstiger und fast genauso gut. Zum Auftragen von Dispersionsfarben wählen Sie am besten eine mit mittlerer Florhöhe.

Mit großen Walzen und Pinseln kommen Sie schneller voran, haben aber auch schwerer zu tragen. Einsteiger sollten Walzen mit maximal 22 cm Länge bzw. Pinsel mit 10 cm Breite nehmen, geübtere Hobbymaler können Walzen mit 30 cm oder Pinsel mit 15 cm versuchen.

Ob Sie die Hauptflächen lieber mit Walze oder Pinsel streichen, liegt bei Ihnen; auf jeden Fall brauchen Sie einen kleinen Flachpinsel für Kanten, Winkel und Steckdosen sowie Pinsel für Holz (Fußleisten und Türrahmen). Mit Breiten von 12, 25 und 50 mm dürften Sie für alles gerüstet sein.

Tipp

Waschen Sie Wände immer von unten nach oben. Wasser verläuft auf nassen Flächen, während es auf trockenem Untergrund Nasen bildet, die später durch die neue Farbschicht scheinen.

Die fliederfarbene Stirnwand hinter dem Bett wirkt wie ein Betthaupt. Der zarte Farbton ist ideal für ein Schlafzimmer mit beruhigender Wirkung.

Gestrichen wird am besten in dieser Reihenfolge: **1.** Decke **2.** Wände **3.** Fensterrahmen **4.** Türen **5.** Decken- und sonstige Zierleisten **6.** Fußleisten **7.** Heizkörper.

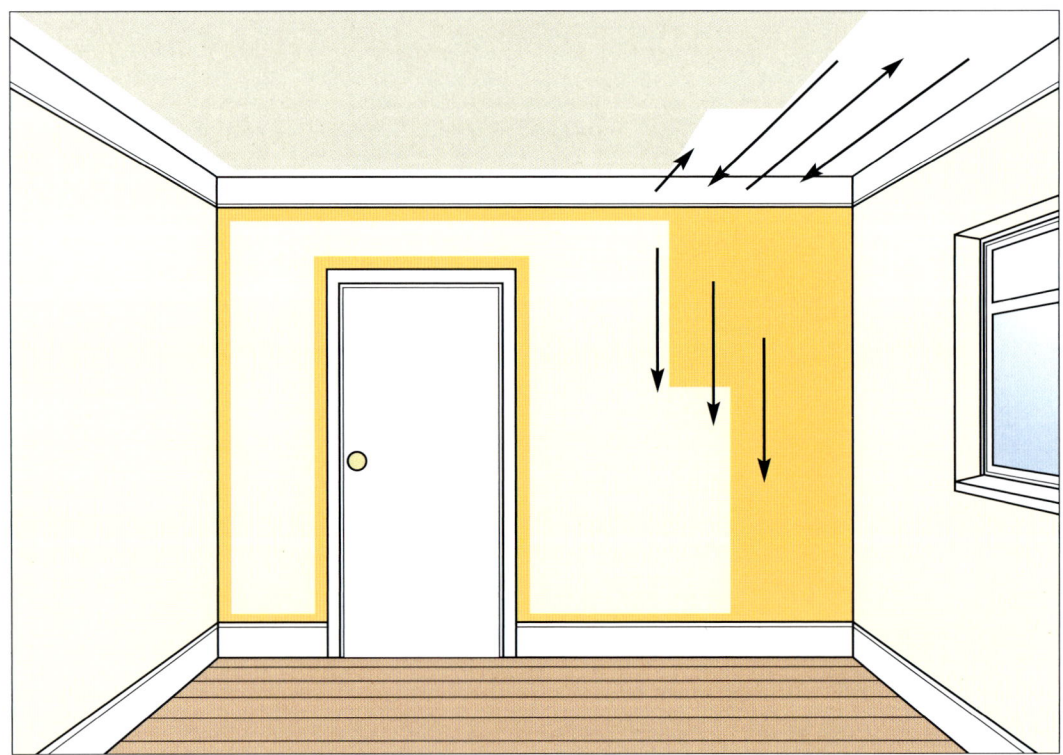

Beim Deckenstreichen in der dem Fenster am nächsten liegenden Ecke beginnen, in Streifen vom Licht wegarbeiten. Die Wände in einer oberen Ecke beginnen und in Streifen auf die Tür zuarbeiten.

EIN ZIMMER STREICHEN
DECKE UND WÄNDE

Für niedrige Decken die Walze mit einer Teleskopstange oder einem Besenstil verlängern. Hohe Decken erfordern ein Gerüst, z. B. ein Brett, das auf zwei Trittleitern aufliegt.

1. Pinsel: Tauchen Sie den Pinsel in den Farbeimer, sodass die Borsten zu einem Drittel oder zur Hälfte mit Farbe bedeckt sind. Streichen Sie überschüssige Farbe vorsichtig am Eimerrand ab. Walze: Zunächst etwas Farbe in die Wanne geben, die Walze in die Farbe tauchen und über das Gitter rollen, bis der Flor gleichmäßig mit Farbe benetzt ist.

2. Decke: In einer Ecke nahe am Fenster beginnen und vom Licht wegarbeiten. Kanten mit einem kleinen Flachpinsel vorstreichen (siehe Kasten). Mit einem großen Pinsel oder einer Farbwalze die Flächen bearbeiten, in circa 60 cm breiten Bahnen. Lassen Sie dabei die Kanten überlappen und arbeiten Sie nass in nass, um Streifenbildung zu verhindern.

3. Wände: Fangen Sie in einer oberen Ecke nahe dem Fenster an. Arbeiten Sie von oben nach unten, nachdem Sie erst die Kanten (siehe Kasten) mit dem Flachpinsel vorgestrichen haben. Arbeiten Sie wieder in 60 cm breiten Bahnen, und überstreichen Sie jeweils die Kanten. Wenn Sie einen Pinsel benutzen, tragen Sie die Farbe in parallelen Strichen auf; zum Abschluss streifen Sie den Pinsel leicht in alle Richtungen ab, um Borstenspuren zu verwischen und ein gleichmäßiges Streichbild zu erhalten.

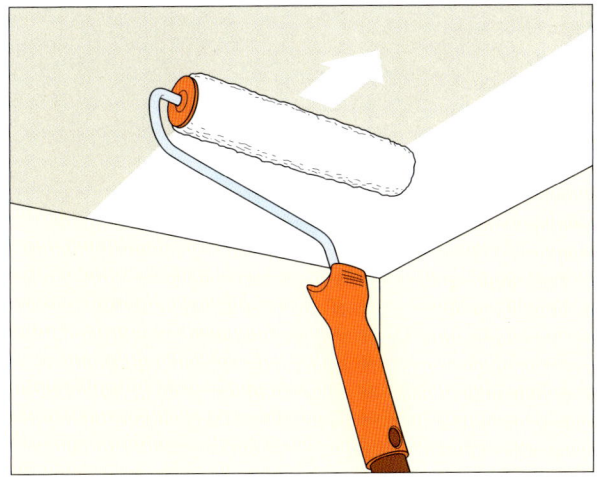

Die Walze in geraden Bahnen über die Decke ziehen.

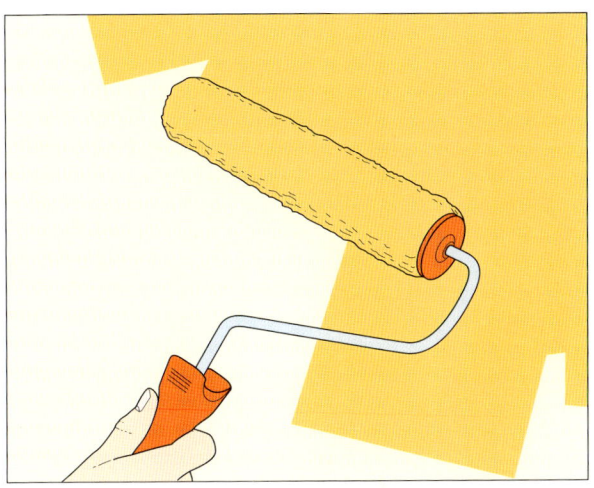

An den Wänden kreuz und quer verfahren, bis alle Lücken gefüllt sind. Die Walze nicht zu voll tanken, damit sie nicht spritzt.

Kanten streichen

Mit einem Flachpinsel gelingen Kanten und Ränder von Türzargen, Fenstern oder Steckdosen am besten. Ein gleichmäßiges Ergebnis erzielen Sie, wenn Sie zunächst an einer Stelle mit den Kanten beginnen, dann die Flächen streichen, dann die nächsten Kanten streichen und die folgende Fläche und so weiter. So arbeiten Sie „nass in nass" und verhindern, dass die Kanten durchtrocknen und anschließend sichtbar sind.

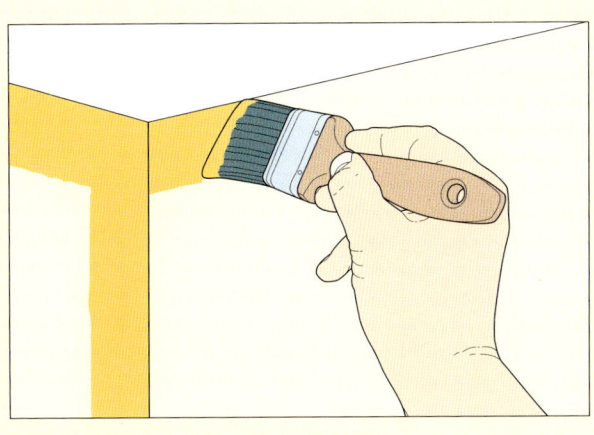

HOLZ STREICHEN

Streichen Sie Decken- und sonstige Zierleisten sowie Fenster- und Türrahmen zuerst, dann die Fußleisten. Sie brauchen wahrscheinlich verschiedene Flachpinsel (Seite 194), je nach Breite und Art der Leiste.

1. Fenstergriffe oder Türklinken entfernen, Türen aushängen, auf Böcke legen und streichen.

2. Fensterglas eventuell mit Malerkrepp abkleben. Das Band entfernen, sobald die Farbe angetrocknet ist. Mit Skalpell vorsichtig Farbreste vom Glas entfernen.

3. Statt die Fußleisten abzukleben, schützen Sie die Wand beim Streichen mit einem Stück Pappe, das Sie mit der freien Hand an die Kante anlegen.

HEIZKÖRPER STREICHEN

Heizkörper erst streichen, wenn die Wand fertig ist. Sie können herkömmliche oder wasserbasierte Lacke nehmen, mit Pinsel oder einer speziellen Heizkörperwalze arbeiten. Die Farbe nicht zu dick auftragen, damit sie keine Nasen oder Kräusel bildet. Für die Wand dahinter gibt es Miniwalzen mit extralangem Bügel.

ARBEITSGERÄTE REINIGEN

Wasserbasierte Farben: Pinsel und Walze in warmem Spülwasser auswaschen.

Ölbasierte Farben: Pinsel in Terpentinersatz legen, um die Farbe anzulösen. Für Walzen Nitroverdünnung in die Wanne geben, Walze darin hin- und herrollen. Anschließend Pinsel und Walze in warmem Seifenwasser gründlich auswaschen, trocknen lassen.

Insiderinfo

- Nicht zu viel Farbe mit Pinsel oder Walze aufnehmen, damit sich keine Tropfen bilden.
- Bei Tageslicht streichen; schlechte Beleuchtung führt zu fleckigen Wänden.
- Arbeiten Sie in logischen Einheiten und unterbrechen Sie an Grenzen wie Ecken oder Türen.
- Farbe sieht während des Trocknens oft fleckig aus; warten Sie aber mit Nachbesserungen, bis die erste Schicht durchgetrocknet ist.
- In der Regel ist mehr als eine Farbschicht nötig.

Zwei Etagen, eine optische Einheit: Flur, Treppenaufgang und Geländer sind im gleichen Farbton gestrichen.

TAPEZIEREN

Wenn Sie noch nie tapeziert haben, wählen Sie beim ersten Mal ein einfaches Muster oder simple Raufaser; auf diese Weise ersparen Sie sich die Mühe, die Kanten mustergenau stoßen zu müssen.

VORARBEITEN

Wie generell beim Renovieren gilt auch beim Tapezieren: Je sorgfältiger die Vorbereitung, desto besser das Ergebnis. So gehen Sie am besten vor:

☐ Nägel von Bildern, Regale, Rollos, Deckenleuchten etc. entfernen bzw. abhängen.

☐ Möbel möglichst aus dem Zimmer bringen oder in die Mitte rücken und mit Folie abdecken.

☐ Boden mit Folie und zusätzlich Zeitung oder Schutzdecke auslegen: Durch den aufgeweichten Kleister besteht sonst Rutschgefahr.

☐ Entfernen Sie die alte Tapete, indem Sie sie mit warmem (Seifen-)Wasser oder Tapetenlöser bestreichen (vorher eventuell mit Nagelwalze perforieren) und dann mit einem Tapetenschaber vorsichtig abschaben. Alternativ ein Tapetenablösegerät mit Dampf verwenden.

☐ Kleisterreste von den Wänden entfernen.

☐ Kratzer und Löcher abspachteln und glattschleifen.

ARBEITSGERÄTE

☐ Leiter, Tritt oder zwei Leitern und ein Brett, je nach Bedarf

☐ Tapeziertisch

☐ Geeigneter Kleister

☐ Großer Eimer zum Anrühren des Kleisters oder Wasser für vorgekleisterte Tapeten

☐ Kleisterpinsel

☐ Maßband oder Zollstock, Bleistift

☐ Senklot

☐ Tapetenbürste (zum Glattstreichen)

☐ Schwamm

☐ Lange Schere oder Tapetenschere

☐ Kantenroller

Tipp
Zum Ablösen alter Tapeten ist viel Wasser nötig. Schalten Sie zur Sicherheit den Strom ab, ehe Sie um Steckdosen herum arbeiten.

GEGENÜBER Schimmernde Metalltapeten verleihen diesem Schlafzimmer eine glamouröse Eleganz.

Tipp
Wird die alte Tapete vor dem Einweichen perforiert, dringt die lösende Flüssigkeit besser ein und das Papier lässt sich leichter lösen – am effektivsten geht das mit einer speziellen Nagelwalze.

TAPETE ABLÖSEN

Tapete mit warmen (Seifen-)Wasser oder Löser einstreichen, um den Kleister anzulösen.

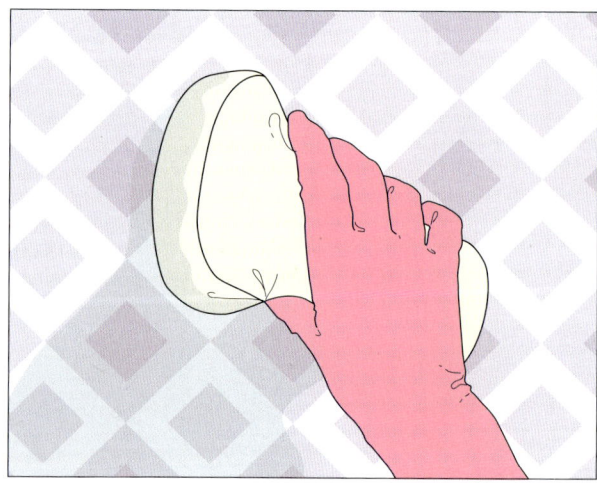

. Mit großem Pinsel oder Schwamm reichlich Wasser aufnehmen und über die Tapete fahren, immer von oben nach unten. Spülmittel oder Tapetenlöser beschleunigen den Aufweichprozess.

2. Das angeweichte Papier vorsichtig mit einem Schaber entfernen; achten Sie darauf, dass Sie dabei den Putz nicht verletzen.

3. Ein Tapetenlöser arbeitet mit Dampf und ist für manche Tapeten die beste Lösung. Halten Sie das Gerät an die Wand, sodass der Dampf das Papier durchdringen kann. Dann den Schaber einsetzen.

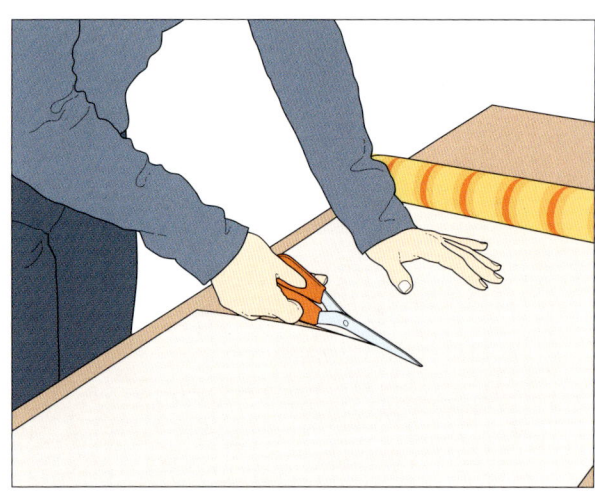

NEUE TAPETEN KLEBEN

1. Messen Sie die Höhe der Wand und addieren Sie zu dem Maß 10 cm Überstand.

2. Tapete mit der Vorderseite nach unten auf dem Tapeziertisch ausrollen. Die Länge der Bahn mit Bleistift markieren und abschneiden. Schneiden und kleistern Sie gleich mehrere Bahnen auf einmal, damit immer eine durchziehen kann, während Sie eine anbringen. Bahnen am besten auf der Rückseite nummerieren.

3. Tapetenbahnen müssen exakt vertikal angebracht werden. Orientieren Sie sich nicht an Fensterrahmen oder Türen, gerade in älteren Häusern sind sie oft nicht gerade. Eine senkrechte Linie erhalten Sie, indem Sie ein Lot knapp unter der Decke anbringen und mit einem weichen Bleistift oder Kreide der Schnur nachfahren. Bei jeder neuen Wand im Raum wiederholen.

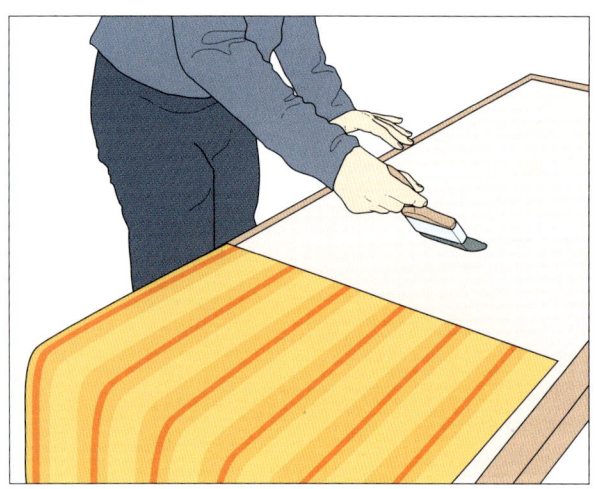

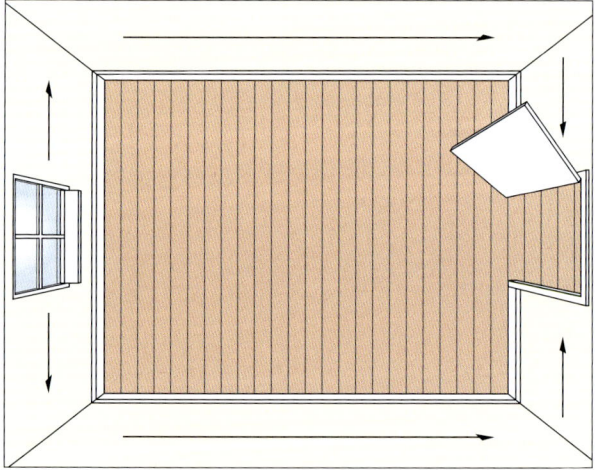

4. Die erste Bahn mit der Frontseite nach unten längs auf den Tisch legen. Mit reichlich Kleister in langen Zügen von der Mitte aus beginnen, dann die Kanten streichen. Das Papier muss gleichmäßig bestrichen sein. Die Enden zur Mitte hin einschlagen und so lange ziehen lassen wie empfohlen. Bei dicken Tapeten können das auch mal zehn Minuten sein.

5. Wenn Ihr Raum einen zentralen Punkt hat, etwa einen Kamin, beginnen Sie dort. Die erste Bahn kommt mittig über die Kaminöffnung, von dort aus auf die nebenstehende und gegenüberliegende Wand zuarbeiten. Gibt es keinen zentralen Punkt, fangen Sie rechts vom größten Fenster an. Bis zur gegenüberliegenden Tür arbeiten, dann auf der anderen Seite des Fensters neu ansetzen und in die andere Richtung arbeiten.

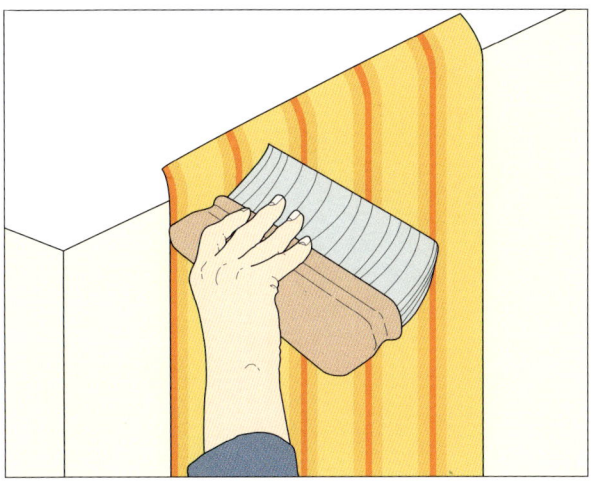

6. Gekleisterte Tapete an den oberen Ecken halten und eine Hälfte der Faltung öffnen. So an die Wand anlegen, dass oben 5 cm überstehen und der Rand im Lot liegt.

7. Mit der Tapezierbürste von oben nach unten und von innen nach außen glattstreichen. Zweite Hälfte der Faltung aufziehen, vorsichtig anlegen und glattstreichen.

8. Mit der Schere die Bahn in die obere Kante drücken, indem Sie sie durch den Winkel ziehen. Tapete ein Stück weit abziehen, am entstandenen Kniff abschneiden, wieder andrücken und sofort überschüssigen Kleister wegwischen.

9. Die nächste Bahn so anlegen, dass sie ohne Lücke oder Überlappung direkt an die erste grenzt. Die Kanten mit der Bürste glattstreichen oder einen Kantenroller verwenden (nicht bei Prägetapeten).

Tipp
Um den Tisch nicht mit Kleister zu beschmieren, legen Sie erst eine Kante der Tapete an der Tischkante an, bestreichen diese und ziehen dann die Bahn zur Kante gegenüber.

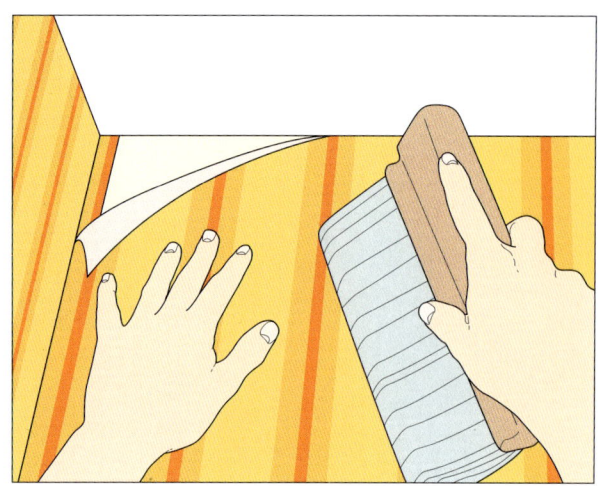

UM DIE ECKE TAPEZIEREN

Eine ganze Bahn in einen Winkel zu kleben sieht unsauber aus. Messen Sie stattdessen den Abstand von der letzten glatten Bahn bis zur Ecke und addieren Sie 1 cm zu dem Maß. Schneiden Sie die nächste Bahn in der ermittelten Breite und legen Sie sie an; durch den Überstand wird die geschnittene Kante in der Ecke etwas überlappen.

Die nächste Bahn (verwenden Sie das Reststück, wenn es breit genug ist) auf der neuen Wand überdeckt die Überlappung; nicht vergessen, das Senklot einzusetzen.

Insiderinfo

- Vorgekleisterte Tapeten erleichtern das Tapezieren ungemein. Wie der Name sagt, ist hier Kleistern überflüssig, zudem ist das Papier stabiler und reißt nicht so leicht.
- Streifen sind ein gutes Muster für Einsteiger, da sie sich unproblematisch stoßen lassen, ohne dass das Muster „aus dem Takt kommt".
- Achten Sie darauf, dass das Muster die richtige Richtung hat, ehe Sie schneiden. Markieren Sie nach dem Schneiden und Kleistern auf der Rückseite die obere Kante der Bahn.
- Wischen Sie immer sofort die Fußleisten wieder sauber, damit sich der klebrige Kleister nicht überall auf dem Boden verteilt.
- Wischen Sie den Tapeziertisch regelmäßig ab, damit Kleisterspritzer nicht eintrocknen.
- Wenn die Tapete geklebt und trocken ist, mit einer Nadel vorsichtig eventuelle Luftblasen aufpieksen und mit der Bürste glattstreichen.

UM WANDVORSPRÜNGE TAPEZIEREN

Hier gilt das Gleiche wie bei der Ecke, nur mit einer größeren Überlappung (2,5 cm). Überstehenden Streifen um die Kante legen und mit der Bürste glattstreichen. Die nächste Bahn (oder das Reststück) so anlegen, dass sie die Überlappung um etwa 1 cm überdeckt.

Musterrapport

Wenn Ihre Tapete keinen Rapport hat, können Sie ganze Rollen auf einmal zuschneiden.

Sobald ein sich wiederholendes Muster im Spiel ist, brauchen Sie mindestens 10 cm Überstand, je nach Länge des Rapports (vgl. auch Seite 180, Stoffe).

Bei aufwendigeren Mustern oder großem Rapport sollten Sie eine Bahn aufhängen und dann die nächste passend dazu zuschneiden. Überprüfen Sie sorgfältig, ob das Muster stimmt – gerade bei komplizierteren Mustern passiert es leicht, dass eine Bahn verschoben oder gar falsch herum angelegt wird.

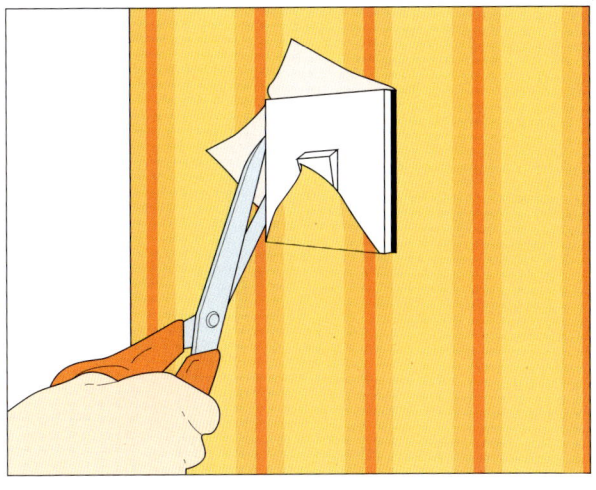

UM EINE TÜR HERUM TAPEZIEREN

Wenn Sie an eine Tür kommen, kleben Sie einfach
weiter, sodass die freie Kante in die Tür hineinsteht.
Schneiden Sie den Überstand bis auf einen Rand von
2,5 cm ab, und trennen Sie diesen Rand in der Ecke
mit einem diagonalen Schnitt bis zum Außenrand der
Türzarge. Mit der Schere die Bahn entlang der Zarge
andrücken und anschließend parallel zum Kniff abschneiden, dabei etwa 1 cm Überstand lassen.

UM EINE STECKDOSE HERUM TAPEZIEREN

Unbedingt den Strom abschalten. Steckdoseneinsatz
am besten ganz abnehmen oder so weit lösen, dass
die Tapete darunter passt. Bahn hängen, dann über der
Dose ein diagonales Kreuz schneiden. Papierzipfel
zurückziehen und abschneiden, dabei 1 cm Überstand
lassen. Überstand unter den Einsatz schieben, andrücken. Einsatz wieder festschrauben.

Tipp

Wenn Sie Ihre Fensternische oder -laibung
mittapezieren möchten, gehen Sie am besten
in der im Bild gezeigten Reihenfolge vor, dabei
an den getupften Linien jeweils einen Überstand lassen. Hat Ihr Fenster keine Laibung,
können Sie wie bei einer Türzarge vorgehen.

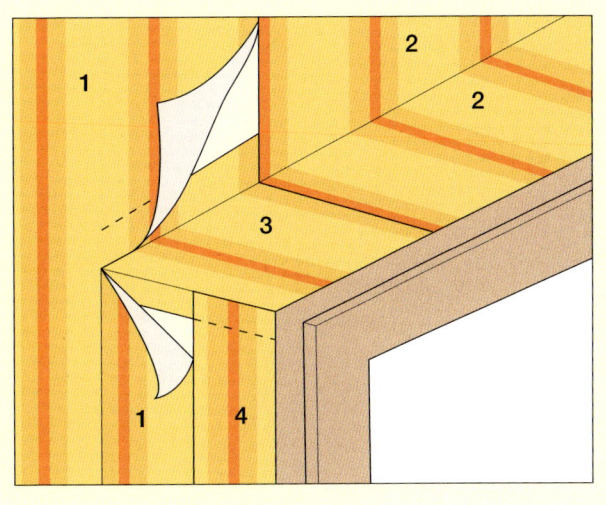

FLIESEN LEGEN

Fliesen werden vor allem in Bädern und Küchen verwendet, aber prinzipiell lassen sich alle glatten Oberflächen mit Fliesen bekleben. Wenn Sie es zum ersten Mal versuchen, wählen Sie eine kleinere Fläche, z. B. die Spritzwand hinter der Spüle in der Küche.

VORARBEITEN

Je sorgfältiger die Vorbereitung, desto schöner das Ergebnis, das gilt auch beim Fliesenlegen. Zunächst muss die Oberfläche sauber, trocken und glatt sein.

☐ Entfernen Sie alte Fliesen mit Stemmhammer und Meißel. Tragen Sie dabei eine Schutzbrille.

☐ Verspachteln Sie, wenn möglich, Löcher und Risse im Putz, oder verputzen Sie neu.

☐ Untergrund (Zementputz, Gipskarton etc.) mit Tiefengrund oder Haftemulsion grundieren.

☐ Gestrichene Wände abwaschen. Wenn Sie befürchten, dass der Anstrich zu glatt ist, schleifen Sie die Oberfläche mit Sandpapier an; so hält der Kleber besser.

☐ Alte Tapeten müssen entfernt werden.

ARBEITSGERÄTE

Zum Schneiden der Fliesen:

☐ Filzstift

☐ Fliesenschneidegerät

☐ Papageienzange

☐ Fliesensäge

☐ Fliesenfeile oder raues Schleifpapier

☐ Fliesenkörner

Zum Kleben der Fliesen:

☐ Wasserwaage

☐ Maßband oder Zollstock

☐ Bleistift

☐ Holzlatten (5 x 2,5 cm; 1,2 m lang)

☐ Hammer

☐ Zimmermannsnägel

☐ Kleber

☐ Glättkelle oder Zahnspachtel

☐ Schwamm

☐ Wischlappen

☐ Fugenmörtel

☐ Fliesenkreuze

☐ Spatel

☐ Silikonspritze

Tipp

Handgefertigte Fliesen können Farbabweichungen aufweisen, auch wenn sie aus einer Charge stammen. Packen Sie alle Pakete aus und mischen Sie die Fliesen, sodass sich die unterschiedlichen Schattierungen gleichmäßig über die Fläche verteilen.

DIE FLIESEN ANBRINGEN

Damit die Fliesen genau im Lot liegen, empfiehlt es sich, zunächst einen Rahmen aus Holzlatten anzubringen, an den Sie die erste Fliesenreihe anlegen; Fußleisten oder sonstige Kanten sind meist nicht genau gerade oder lotgerecht.

1. Fliesen werden von unten nach oben verlegt. Damit die erste Reihe genau waagerecht wird, messen Sie eine Fliesenhöhe (inkl. Fugen) von Boden, Fußleisten oder Arbeitsplatte ab. Eine Holzlatte mit Hilfe der Wasserwaage so anlegen, dass ihre Oberkante auf der gemessenen Höhe liegt, und mit Zimmermannsnägeln fixieren (die Nägel etwas herausstehen lassen, damit sie leichter wieder zu entfernen sind). Für die vertikale Linie ebenfalls eine Latte anbringen oder ein Lot verwenden.

2. Beginnen Sie in der Ecke, wo die Latten aufeinandertreffen. Bringen Sie mit dem Zahnspachtel Kleber auf, maximal eine Fläche von 1 qm auf einmal.

3. Die erste Fliese im Winkel der Latten anlegen und festdrücken.

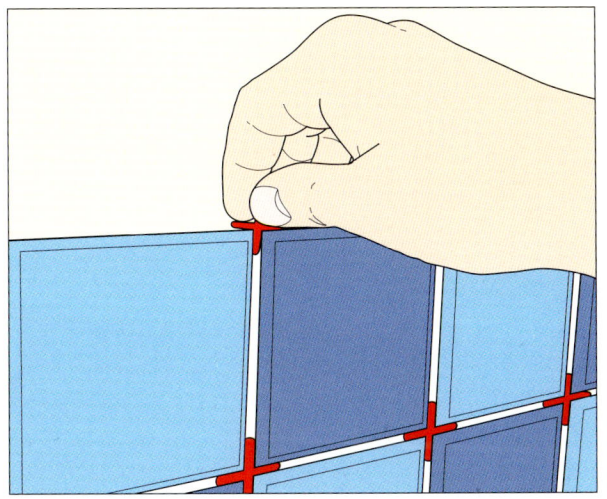

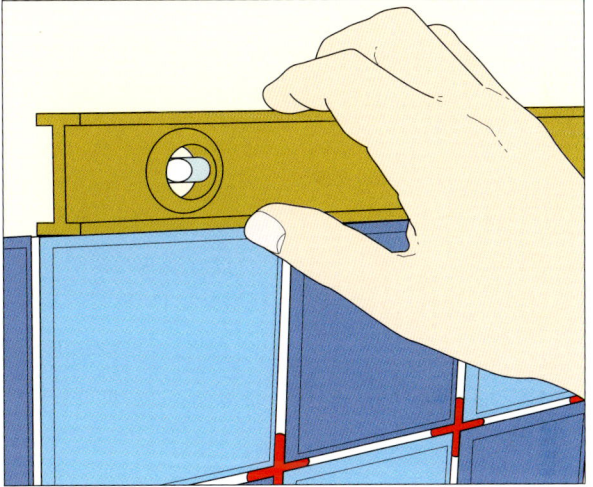

4. Beim Fortfahren Fliesenkreuze verwenden, die jeweils an die Fliesenecken gelegt werden; die nächste Fliese wird direkt an das Kreuz angelegt. Zunächst alle ganzen Platten verlegen und die Stellen freilassen, die einen Zuschnitt erfordern.

5. Regelmäßig mit der Wasserwaage überprüfen, ob die Fliesen senkrecht und waagerecht liegen.

6. Entfernen Sie die Latten, und ergänzen Sie die unterste Fliesenreihe. Jetzt kommen die Platten dran, die zugeschnitten werden müssen (Seite 209). Möglicherweise ist es in diesem Fall sinnvoller, den Kleber auf die Rückseite der Platte zu streichen als auf die Wand.

Tipp

Fliesen lassen sich auch auf bereits gefliesten Untergrund kleben, vorausgesetzt, die erste Schicht Fliesen hält zuverlässig. Schleifen Sie die Oberfläche mit Siliziumkarbidpapier an, damit der Kleber besser haften kann.

7. Wenn der Kleber trocken ist, entfernen Sie die Kreuze. Bringen Sie mit einem feuchten Schwamm den Fugenmörtel auf, indem Sie ihn zwischen die Fliesen reiben.

8. Drücken Sie für eine perfekte Oberfläche den Mörtel mit einem schmalen Spatel in die Rillen. Wischen Sie Mörtelspuren mit einem feuchten Lappen ab, ehe sie trocknen.

9. Versiegeln Sie die Kante zwischen Fliesen und angrenzender Fläche mit einem dünnen Streifen Silikon, indem Sie die Spritze mit gleichmäßigem Druck an der Kante entlangführen.

Insiderinfo

- Verteilen Sie nicht zu viel Kleber auf einmal, da er sehr schnell trocknet. Fliesen halten auf angetrocknetem Kleber nicht gut.
- Wenn Sie Fliesen bohren müssen, kleben Sie auf die Bohrstelle ein Kreuz aus Abklebeband. Das verhindert, dass der Bohrer abrutscht.
- Wandfliesen sind leichter als Bodenfliesen und nicht zum Begehen geeignet. Sie können eine Wand mit Bodenfliesen bekleben, aber einen Boden in der Regel nicht mit Wandfliesen.

Maßschablone

Eine Schablone hilft Ihnen, zu ermitteln, wie Sie Ihre Fliesen verlegen müssen.

Legen Sie eine Reihe Fliesen entlang einer Holzlatte auf den Boden – so wie sie später an die Wand kommen sollen. Schieben Sie Kreuze da-zwischen, und markieren Sie auf der Latte die Kanten der Fliesen und Fugen. Wenn Sie die Latte an die Wand halten, sehen Sie auf einen Blick, wie viele Fliesen an den vorgesehenen Platz passen und wo Zuschnitte erforderlich sind.

GERADE KANTEN SCHNEIDEN

Halten Sie eine Fliese in die Lücke und messen Sie, wie
viel Sie entfernen müssen. Markieren Sie die Schnittlinie
mit einem Bleistift auf der Fliese. Legen Sie die Fliese
auf eine ebene Oberfläche, mit der Dekorseite nach
oben, und ritzen Sie mit einem Körner eine gerade Linie
in die Glasur. Legen Sie unter beide Enden der Linie je
ein Streichholz, und drücken Sie auf beide Seiten, bis
die Fliese in zwei Teile bricht.

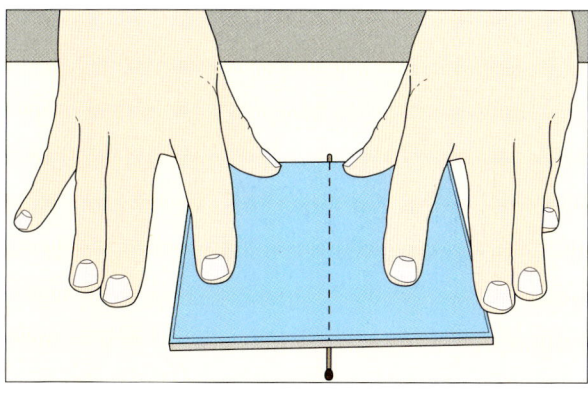

EIN RUNDES ODER ECKIGES STÜCK ENTFERNEN

1. Zeichnen Sie die Stelle an, die entfernt werden soll.
Die Linie mit dem Körner einritzen. Das Stück, das
abgebrochen werden soll, kreuz und quer einritzen.

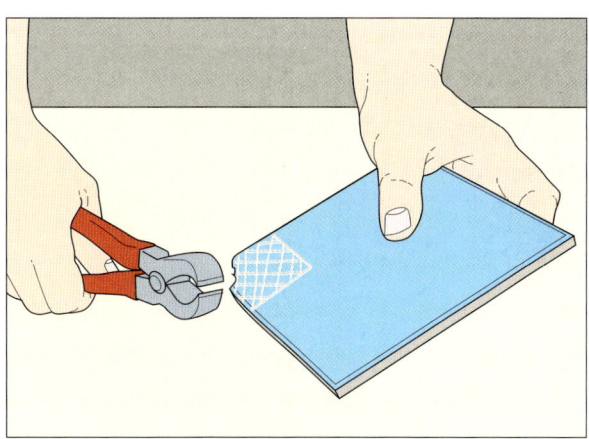

2. Mit der Papageienzange abknabbern oder die
Fliesensäge benutzen.

MOSAIKFLIESEN ANBRINGEN

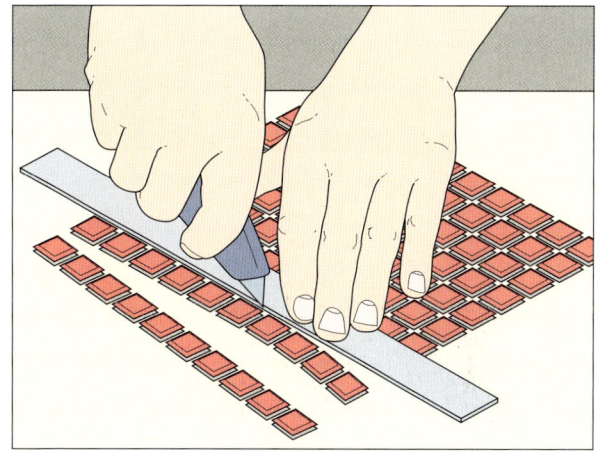

1. Mosaiksteine sind meist auf Netze geklebt und
lassen sich leicht in Form schneiden. Sie werden
wie herkömmliche Keramikfliesen geklebt.

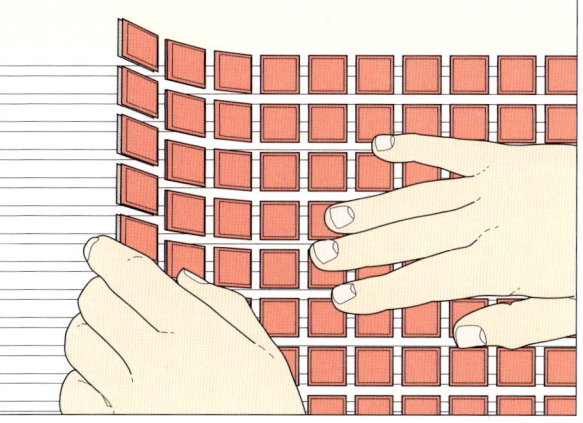

2. Kleber auf die Wand auftragen. Achten Sie darauf,
dass die Pfeile auf der Rückseite in die gleiche Richtung
zeigen. Die Fliesen anlegen, andrücken und sorgfältig
ausrichten. Restflächen gegebenenfalls zuschneiden.
Mit den Fugen verfahren wie bei normalen Fliesen.

DER LETZTE SCHLIFF

SCHÖNES ZUM SCHLUSS

Wenn die Handwerker aus dem Haus sind, ist das Schlimmste überstanden und es kommt der angenehme, aber nicht minder wichtige Teil des Renovierens – das Dekorieren mit individuellen Accessoires.

WAS FEHLT NOCH?

Wenn Sie unsicher sind, was Ihrem fertig renovierten Raum fehlt, bitten Sie Freunde und Familie um ihre Meinung. Vielleicht fällt anderen etwas auf, das Sie bislang übersehen haben, etwa ein dunkler Winkel als perfekte Kulisse für eine Stehlampe oder eine leere Wand, die durch Ihre gerahmten Hochzeitsfotos Profil gewinnt.

Was noch an Accessoires fehlt, wird Ihnen aber auch selbst bald auffallen, wenn Sie den Raum nutzen. Schauen Sie sich Wände und Böden immer wieder an, und spielen Sie Variationen durch: Würde sich da nicht z. B. eine neue Brücke oder eine Foto- oder Bilderserie gut machen? Ein Spiegel, der den Raum vergrößert und vielleicht ein Bild gegenüber, das sich darin reflektiert? Denken Sie auch an die Abstellflächen, Couch- und Beistelltische, Fensterbänke, Regale, Sideboards. Wenn dort Dinge stehen, die Ihnen eigentlich gar nicht gefallen, entfernen Sie sie. Jetzt haben Sie die Chance, Dinge zu sammeln, die Ihnen etwas bedeuten, oder lang gehegte Lieblingsstücke endlich auszustellen.

Eine der besten Möglichkeiten, einen Raum mit Leben zu erfüllen, sind Pflanzen und Blumen. Blättern Sie Wohnmagazine durch: Sie werden feststellen, dass die gezeigten Räume oft voller Grün sind. Denken Sie in Jahreszeiten, und verwöhnen Sie sich mit farbenfrohen Blüten im Sommer und Arrangements aus Beeren und immergrünem Laub im Winter. Setzen Sie Zwiebel- oder kleine Freilandpflanzen in hübsche Töpfe, und stellen Sie sie ans Fenster oder in einer Reihe auf Tische oder Sideboards.

AUSMISTEN

Putzen und Ausmisten trägt erheblich dazu bei, dass ein Heim wohnlich und schön wird. William Morris, britisches Multitalent und ideenreicher Designer des 19. Jahrhunderts, pflegte zu sagen: „Behalte nichts im Haus, das du nicht für nützlich erachtest oder schön findest." Die Maxime gilt heute wie damals.

Entfernen Sie Stapel gelesener Zeitungen von Couch- und Nachttischen, heften Sie lose Unterlagen ab, verstauen Sie Akten in hübschen Boxen, putzen Sie die Fenster, ehe Sie die neue Deko aufhängen, ersetzen Sie billige Drahtkleiderbügel durch hölzerne – die sehen nicht nur besser aus, sondern schonen auch die Kleidung. Das sind ganz einfache Maßnahmen, die weder viel Zeit noch Geld kosten, aber Räume in ganz anderem Licht erscheinen lassen.

Der beste Platz für Glas und Vasen ist ein Tisch vor einem sonnigen Fenster. Hier lebt die Erinnerung an den letzten Urlaub in einem Einmachglas mit Muscheln und lässig arrangierten Sommerblumen.

Essbare Aromen
Kräuter sind ebenso hübsch wie nützlich und dienen als köstlich duftende Tischdekoration beim Brunch.

LINKS Legen Sie eine Sammlung von Gegenständen an, die eine ungewöhnliche optische Ausstrahlung besitzen und gut zu Ihrer Einrichtung passen, etwa ein Arrangement aus eigenwillig geformten Keramikvasen und -krügen.

RECHTS Süße Idee als Deko für jeden Gast: edle Pralinen in einer Serviette mit hübschem Band.

SCHÄTZE ZEIGEN

Erst mit der Präsentation Ihrer kleinen Kostbarkeiten gewinnt Ihr Heim an Farbe und Persönlichkeit, und Ihre Räume werden lebendig und wohnlich. Am besten gelingt sie, wenn Sie Ihre Schätze lässig, aber gezielt zu attraktiven Arrangements zusammenstellen.

SAMMELN

Wenn Sie nicht wissen, was Sie in Ihrem frisch renovierten Raum präsentieren sollen, überlegen Sie, welche Themen Sie interessieren. Sammeln Sie z. B. Bilder oder Dekogegenstände zu einem bestimmten Thema: alte Drucke, Familienfotos, teures Silber oder auch wertlose, aber hübsche Keramiken und originelle Fundsachen.

Wenn Sie ein Thema gefunden haben, denken Sie über den Stil nach. Wenn Sie es eher traditionell mögen, gefallen Ihnen vielleicht alte Drucke. Freunde des modernen Designs bevorzugen vielleicht Fotokunst oder abstrakte Gemälde. Eine Vorliebe für Porträts kann eine ganze Sammlerwelt eröffnen: Schnappschüsse der Familie, Profifotos, Ölbilder.

Das Suchen und Sammeln ist Teil des Vergnügens und kann Sie jahrelang begleiten. Kaufen Sie Stücke, weil Sie Ihnen gefallen, nicht weil sie eine gute Investition sind. Ist das zusätzlich der Fall – nun, umso besser; wichtig aber ist, dass Sie sich zu Hause mit Dingen umgeben, die Sie gerne immer wieder betrachten.

Eine Sammlung von Dingen, an denen Ihnen persönlich liegt, ist nicht nur optisch interessant, sondern verrät auch etwas über Sie und Ihren individuellen Stil. Im Laufe der Zeit können Sie Ihre Arrangements immer wieder verändern, den Jahreszeiten oder Ihrem veränderten Lebensstil anpassen. Und wenn Ihnen etwas nicht mehr gefällt – trauen Sie sich ruhig, es wegzuwerfen.

PRÄSENTIEREN

Ob ein Dekoarrangement gelingt, hängt stark vom Standort ab. Sie können Dinge oder Bilder gezielt für eine bestimmte Stelle sammeln, vielleicht besitzen Sie aber auch schon eine Sammlung und suchen nur den Platz, an dem sie in optischer und praktischer Hinsicht am besten aufgehoben ist. Eine Aktserie sieht in einem Badezimmer schick aus, im Flur wäre sie fehl am Platz; chinesisches Porzellan wirkt auf einer Anrichte im Esszimmer wunderschön, sollte aber für kleine Kinder nicht erreichbar sein.

Manche Stellen bieten sich von selbst an, die Wand über einem Kamin zum Beispiel ist ideal für ein großes Bild. Allerlei Ecken und Winkel, etwa ein kleines Regal über einer Tür, eignen sich für kleine Skulpturen oder altes Porzellan.

LINKS Weniger ist oft mehr: Das dezent elegante Arrangement mit der cremeweißen Orchidee bringt fernöstlichen Atmosphäre ins Wohnzimmer.

GEGENÜBER Das einzelne Regalboard über dem Sofa hat die ideale Höhe, um Bilder und Dekogegenstände zu präsentieren. Der Mix aus Bildern, Vasen und Flaschen wurde passend zum Farbkonzept des Raumes ausgewählt und lässt sich im Handumdrehen verändern.

BILDER, FOTOS UND GEMÄLDE

Wenn Sie Drucke, Fotos oder Gemälde rahmen lassen, bedenken Sie: Der Rahmen sollte das Bild ergänzen und nicht davon ablenken. Große Bilder sehen mit dünnen Rahmen meist am besten aus, kleine können mit breiten, dekorativen Rahmen ausdrucksvoller wirken. Wenn Sie mehrere Bilder gruppieren wollen, können Sie entweder verschiedene Rahmen für einen lockeren Stilmix kombinieren oder gleiche Rahmen für einen einheitlichen Look wählen.

Legen Sie fest, ob Sie Ihre Bilder einzeln oder in Gruppen aufhängen: Kleine Bilder wirken oft am besten in Gruppen, wobei auffällige Motive in leuchtenden Farben mehr Zwischenraum benötigen. Hübsch: drei kleine Drucke untereinander oder eine Serie von Bildern, die zusammen ein Rechteck bilden. Wenn Sie Bilder gruppieren, hängen Sie sie dicht aneinander; so wirken sie als Einheit auf den Betrachter.

Bilder sollten in Augenhöhe oder tiefer hängen, damit sie gut zu sehen sind, das gilt vor allem für kleinere Exemplare. Planen Sie, eine ganze Wand mit Bildern zu gestalten, beginnen Sie in der Mitte und arbeiten Sie sich nach außen vor. Benutzen Sie richtige Bilderhaken (bei Bedarf auch zwei pro Bild), sie sehen besser aus als einfache Nägel. Für größere Spiegel und Gemälde müssen Dübel in die Wand.

Tipp

Bevor Sie eine Gruppe von Bildern an die Wand hängen, legen Sie sie auf dem Boden aus: So können Sie die Verteilung festlegen, bevor Sie Nägel in die Wand schlagen. Horizontal angeordnete Bilder lassen einen Raum breiter wirken, eine vertikale Anordnung vermittelt den Eindruck von Höhe.

Beliebte Bildmotive

Gärten: In allen Variationen und Stilen, von traditionellen Pflanzendrucken bis zu modernen Gartenansichten oder romantischen Aquarellen.

Promis und Stars: Kinder und Jugendliche schmücken ihre Wände gern mit den Konterfeis ihrer Stars. Poster sind ideal, da sie preiswert und leicht zu ersetzen sind.

Baukunst: Kupferstiche von historischen Stadtansichten, Architektenskizzen oder bauliche Details, die Entstehung Ihres eigenen Hauses und vieles mehr.

Porträts: Ihre Familie, aktuell und Generationen zurück: ein unerschöpflicher Quell interessanter Motive.

Landschaften: Ob gemalt, gezeichnet oder fotografiert – Landschaften sind ein Wandschmuck, der nie an Popularität verliert. Sie sind immer wieder ein eindrucksvoller Blickfang.

Tiere: Von fröhlichen Drucken für Kinder über witzige Fotos – Tiermotive machen immer wieder Spaß.

Mode und Textilien: Bilder oder Arrangements von historischen Kleidern und Hüten oder Fotos besonders kultiger Outfits sind das Richtige für Schlaf- oder Ankleidezimmer.

LINKS Bilder müssen nicht gerahmt sein. Hier wurden drei Landkarten auf Keilrahmen gedruckt und rahmenlos in eine Reihe gehängt, um diesem Arbeitszimmer dezent Farbe zu verleihen und vielleicht das Tätigkeitsfeld des Nutzers anzudeuten.

WORAUF ES ANKOMMT

Mehrere Bilder geometrisch angeordnet an einer Wand bilden automatisch den zentralen Punkt des Raumes.

Optische Mittelpunkte sind die Naturmotive der Bilder.

Der schlichte Konsolentisch mit den hübschen Objekten unterstreicht die Wand als Dekorationsfläche.

Das symmetrische Arrangement – ein großes Bild, flankiert von vier kleinen – verleiht der Anordnung Balance und Ruhe.

LINKS Bilder oder Objekte mit einem gemeinsamen Thema schaffen einen stimmigen Gesamteindruck. Weniger steif wirkt es, wenn Bilder auf einem Regal stehen, statt an der Wand zu hängen.

Atmosphäre, und sie lassen sich schnell einmal umräumen oder mit anderen Dingen, die einem am Herzen liegen, austauschen.

Denken Sie beim Anbringen des Regalbords daran, von wo aus Sie die Deko sehen: Im Wohnzimmer ist ein niedriges Regalbrett hinter dem Sofa der beste Platz für Bilder und Objekte, in Küchen, wo mehr gestanden wird, darf die Ausstellung von Bastelerzeugnissen und Schnappschüssen durchaus höher angebracht sein.

Treppenaufgänge, Flure und Dielen sind ideal für Bilderserien: sie bieten freie Wandflächen und viel „Durchgangsverkehr", sodass die Motive immer wieder bewundert werden. Hängen Sie in Treppenaufgängen die Bilder in ansteigender Reihe auf, damit optisch eine Aufwärtsbewegung entsteht.

Kunst muss nicht immer an der Wand hängen. Auch ein offenes Regal kann eine Bildersammlung präsentieren. Auf diese Weise können Sie zusätzliche Dekogegenstände platzieren, etwa Vasen oder Porzellan. Bilder auf dem Bord erzeugen eine informelle

Insiderinfo
Hängen Sie Bilder nicht direkt über einen Heizkörper oder in direkter Sonneneinstrahlung auf, denn so altern sie schneller. Auch Feuchtigkeit macht Bildern zu schaffen, also platzieren Sie wertvolle Kunst oder Fotos nicht im Badezimmer.

RECHTS Deko mit Lichtreflexen: Spiegel machen Räume heller und weiter.

DEKOOBJEKTE UND FUNDSACHEN ARRANGIEREN

Es gibt praktisch nichts, was sich nicht dekorativ arrangieren lässt. Sperrmüll, Flohmärkte, Trödler und Designshops sind die besten Jagdgründe für Fundsachen – vom alten Porzellan bis zu modernen Glasobjekten, von Secondhand-Kleidung und -Spielzeug bis hin zu Retrodesign und originalen Designklassikern.

Alltagsgegenstände können ebenso wirkungsvoll präsentiert werden wie Kunst oder gesammelte Schätze. Bücher sind immer ein Erfolgsgarant, ganz gleich ob es Hardcover, antiquarische Taschenbücher mit bunten Rücken, Kinderbuchklassiker oder Hochglanzbildbände sind, die im Englischen treffend nach dem Ort der

Wenn Sie ein Arrangement gestalten, überlegen Sie, wie die einzelnen Elemente am besten zusammen wirken. Hier wurden auf einer Kommode allerlei Blumen mit Büchern, Dekokunst und Keramik zu einem ansprechenden und harmonischen Bild kombiniert.

idealen Präsentation „Coffeetable books" – Couchtischbücher – genannt werden. Ähnlich wirken CDs und DVDs in modernen Regalen, die die Linien der Hüllen als gestalterisches Merkmal nutzen. Oder holen Sie die Natur ins Haus: Frühlingsblumen oder Fundsachen wie Muscheln oder Tannenzapfen mit ihren Texturen, Düften und Farben bringen Frische und Charme.

WORAUF ES ANKOMMT

Würfelregale sind ideal, um die Dinge zu präsentieren, die Ihnen am Herzen liegen.

Bücher, Geschirr und Deko-objekte wurden passend zum Farbkonzept des Raumes in Weiß, Rot und Schwarz gewählt.

Die Böden und Seiten des Re-gals bilden den Rahmen für die ausgestellten Dinge und schaf-fen so eine optische Verbindung, die für einen harmonischen Gesamteindruck sorgt.

Die angrenzende Wand ist der ideale Platz für große Schwarzweißfotografien.

RECHTS Einfach, aber wirkungsvoll ist ein Korb-
tablett mit Glasgefäßen in warmen Naturtönen;
die Glätte des Glases kontrastiert mit den
raueren Strukturen des Perlmuttbechers und
des Rattangeflechts.

Wenn Sie Gegenstände zusammenstellen, denken Sie
an Farben, Muster und Oberflächen, genauso wie bei
der Neugestaltung des Raumes. Optische Pendants
schaffen ein einheitliches Bild, Kontraste bringen Leben
in das Arrangement. Dekoobjekte, zwischen Dingen
des Alltags platziert, machen aus einer praktischen
Ablage einen attraktiven Blickfang. Sie können Deko
auch bewusst einsetzen, um den Raum mit Farben und
Formen anzureichern: etwa mit einer Auswahl bunter
Vasen, die mit der Farbe der Tapete kontrastiert oder
einer Sammlung von Fundsachen aus der Natur, auf
einem Beistelltisch arrangiert. In offiziellen Räumen,
etwa Fluren, freuen sich Besucher über witzige Dinge;
in Rückzugsräumen schaffen Souvenirs eine Atmosphäre, die zum Besinnen und Erinnern anregt.

Tipps zum Dekorieren

- Platzieren Sie Arrangements an gut sichtbaren
  Stellen, damit jeder im Raum sie betrachten
  kann.
- Sorgen Sie dafür, dass die Deko nicht stört.
  Couchtische zum Beispiel sind funktionale
  Möbel, die Gläser, Zeitschriften und Fern-
  bedienungen bereithalten sollen. Die Dekoration
  sollte immer genügend Platz freilassen.
- Berücksichtigen Sie die Nutzung des Raumes,
  und platzieren Sie beispielsweise zerbrechliche
  Gegenstände nicht dort, wo sie leicht zu Bruch
  gehen können.
- Betrachten Sie eine mögliche Bilderwand von
  der Stelle, an der Sie am häufigsten im Raum
  stehen oder sitzen: Das kann Höhe und
  Position der Deko beeinflussen.
- Licht setzt Dekoarrangements bestens in Szene
  und schafft zusätzlich Atmosphäre.

LINKS Kleinigkeiten beeinflussen die Stimmung
eines Raumes. Hier unterstreichen die neutralen
Töne und organischen, natürlichen Formen die
ruhige Atmosphäre.

ACCESSOIRES

Handtücher, Kissen, Decken und Bettwäsche, Cremedöschen und Handspiegel machen Räume erst wohnlich; es sind diese Accessoires, die ein Haus in ein Heim verwandeln. Es spielt keine Rolle, ob sie wertvoll oder vom Trödler sind – Hauptsache, sie passen zu Ihnen.

STÖBERN

Ganz gleich wie Ihr Budget aussieht: Wohnaccessoires zu sammeln ist ein nie endender Prozess. Sie werden immer wieder etwas entdecken und spontan kaufen, vielleicht ändern sich auch Ihre Vorlieben oder Lebensumstände.

Stöbern Sie, wo Sie nur können: Auf Antikmärkten lassen sich die tollsten Dinge entdecken, in modernen Einrichtungsläden kann man lohnende Schnäppchen machen oder den neuesten Designertrends nachspüren. Das Internet bietet die Chance, Quellen zu durchsuchen, die Sie nicht selbst besuchen können. Für Antiquitäten, Trödel oder Secondhand gilt meist: Am besten sofort zuschlagen, sonst ist das gewünschte Teil weg.

Um Fehler zu vermeiden, gerade bei Artikeln, die Sie schwer zurückgeben können – von Flohmärkten oder aus Urlaubsländern –, sollten Sie ein klares Bild vor Augen haben, was Ihrem Raum fehlt. Auf das menschliche Farbengedächtnis ist oft kein Verlass, deshalb

nehmen Sie zum Shoppen am besten Muster von Bezugsstoffen, Farben oder Tapeten mit, vor allem dann, wenn Sie Kissen, Decken, Bettwäsche oder Teppiche kaufen wollen.

Wenn Sie ein Bild oder Gemälde für eine bestimmte Wand suchen, nehmen Sie immer die Maße mit, um gleich zu wissen, ob der Fund an die Stelle passt oder nicht. Achten Sie auf die Größenverhältnisse sowohl vom Raum als auch von dem Objekt, das Sie kaufen wollen – vor allem wenn Sie im Internet fündig werden: Halten Sie neben Mustern immer ein Maßband bereit. Vielleicht hilft es Ihnen auch, wenn Sie Fotos Ihrer frisch renovierten Räume beim Shoppen dabeihaben, um Ihr Gedächtnis aufzufrischen.

Denken Sie daran, wie Sie sich vor dem Renovieren den Raum in seiner neuen Gestalt vorgestellt haben. Vielleicht müssen Sie die Magazine oder Bilder noch einmal heraussuchen, die Sie anfangs inspiriert haben, um sich an Details des gewünschten Stils zu erinnern.

Ein knappes Budget kann die Improvisationskunst fördern. Überlegen Sie, was von den alten Sachen für den neuen Raum verwendbar ist. Neue Bilderrahmen oder Lampenschirme können wahre Verwandlungswunder vollbringen. Mit ein wenig Geschick lassen sich alte Vorhänge in neue Kissenbezüge oder Bettwäsche in kleinere Vorhänge umarbeiten. Und warum nicht Objekte von Raum zu Raum wandern lassen oder gar von Haus zu Haus – vielleicht haben Sie Freunde, die sich ebenfalls an bestimmten Accessoires sattgesehen haben und tauschen würden.

Dekorieren mit Accessoires ist der Teil des Renovierens, der am meisten Spaß macht – lassen Sie sich auf den folgenden Seiten inspirieren.

Sorgfältig ausgewählte Details, in Szene gesetzt durch den großen Spiegel, machen diesen ehemals ungenutzten Winkel in einem Schlafzimmer zu einem voll funktionsfähigen Schminktisch. Die hübschen Sisalkörbe halten Make-up und Toilettenartikel bereit; das dekorative Seidenkissen dämpft den harten Hocker.

LINKS Einfarbig, aber alles andere als eintönig. Diese Sammlung unterschiedlicher Dinge in ganz ähnlichen Farbschattierungen fällt sofort ins Auge.

RECHTS Accessoires sollen das Gesamtkonzept des Raumes ergänzen. Diese floralen Kissen geben gerade so viel Farbe und Muster ab, dass die zarten und gedämpften Töne des Raumes nicht untergehen.

KÜCHEN UND ESSPLÄTZE

1 In offenen Regalen helfen Körbe, unattraktive Utensilien zu verstecken, während das hübsche Porzellan sichtbar bleibt.

2 Die luxuriösen Kissen auf den Bankplätzen sehen hübsch aus und sorgen für Bequemlichkeit und Sitzkomfort.

3 Zeigen Sie Ihr schönstes Geschirr auf offenen Regalbords. Den Platz im Sideboard nutzen Sie für Spiel-, Mal- und Bastelsachen.

4 Offene Aufbewahrungskörbe nehmen alles auf, was bei Tisch benötigt wird. Nach Gebrauch verbergen sie es wieder.

5 Die schicke Hängelampe ist ein Hingucker und sorgt tags wie abends dafür, dass der Esstisch als zentraler Punkt des Raumes wahrgenommen wird.

6 Wimpel verbreiten fröhliche Partystimmung in diesem Esszimmer. Die Postkarten dazwischen sorgen für den persönlichen Touch.

7 Eine Fotoserie wie diese Hochzeits-Schnappschüsse verleiht dem Essbereich eine fröhlich-einladende Atmosphäre.

8 Hängen Sie Ihre Küchenutensilien und Pfannen einfach mit Haken an Regalen oder Stangen auf. Die Tafel dient als attraktive Einkaufsliste.

FLURE UND DIELEN

1 Ein paar Haken und ein kleiner Tisch genügen oft schon, um das typische Alltagschaos in der Diele im Zaum zu halten.

2 Ein großer Spiegel oder mehrere kleine in Reihe gehängt zaubern Licht in einen engen oder dunklen Flur.

3 Zwei moderne Garderobenstangen sorgen dafür, dass in diesem offenen Eingangsbereich nichts herumliegt.

4 Der Eingangsbereich ist das Erste, was Ihre Gäste von Ihrem Heim sehen: Beeindrucken Sie sie gleich mit besonderen Lampen.

WOHNZIMMER

1 Eine Kollektion hübscher Vasen und Schüsseln in verschiedenen skulpturalen Formen wurde hier zu einem ruhigen Arrangement kombiniert.

2 Dekokugeln mit verschiedenen Farben und Oberflächen, auf dem Couchtisch präsentiert, bringen Abwechslung fürs Auge.

3 Bücherwände müssen nicht streng sein: Ein paar Fotorahmen lockern die Reihen auf; alternativ können Sie auch ein paar der Bücher legen statt stellen.

4 Wolldecken und selbst gefertigte Kissen in einer Sofaecke wirken unwiderstehlich gemütlich nach einem anstrengenden Tag.

5 Deko und Krimskrams auf dem unteren Bord sind sichtbar, ohne im Weg zu sein: Die Tischfläche bleibt frei für Tassen und Gläser.

6 Nutzen Sie das Tageslicht von draußen, indem Sie hübsche und ausgefallene Glasdekorationen aufs Fensterbrett stellen.

7 Praktisch und hübsch: Glasfliesen in Edelsteinfarben sorgen als Untersetzer für einen Hauch Farbe auf dem Beistelltisch.

8 Ersetzen Sie im Sommer schwere Stoffe durch leichte Voiles; mit einem einfachen Band zusammengehalten, lassen sie die Sonne herein.

9 Bodenkissen sehen attraktiv aus und dienen als extra Sitzgelegenheit. Was gibt es Schöneres, als sich im Winter vor dem lodernden Kamin niederzulassen?

10 Wählen Sie die Accessoires farblich passend zur Einrichtung; hier geben Rot, Dunkelbraun und Creme den Ton an.

11 Zitrustöne holen den Frühling herein: Früchte, Blumen und der limettengrüne Tischläufer frischen die Atmosphäre des ganzen Raumes auf.

12 Warum immer Zeitungsständer? Hier übernimmt ein weicher Sisalkorb direkt am Sofa die Aufgabe, den Lesestoff parat zu halten.

WOHNZIMMER

13 Sammeln Sie Porzellan nach Muster, Stil oder Farbe; in Gruppen arrangiert erzielen solche Kollektionen die schönste Wirkung.

14 Schaffen Sie Kontraste. Kombinieren Sie weiche Texturen mit groben oder stark strukturierten Stoffen wie Wolle, Seide oder Satin.

15 Kissen mit Bezügen aus Tierfellimitat auf einem Ledersessel: ein Oberflächen-Mix, der sich gut anfühlt und hübsch aussieht.

16 Eine senkrechte Reihe gleicher Bilder eignet sich gut für Nischen, oder wenn Sie Ihrem Raum optische Höhe verleihen wollen.

SCHLAFZIMMER

1 Einfache Vorhänge lassen sich mit bunten Schleifen aufpeppen, mit denen sie tagsüber zurückgebunden werden.

2 Der Glitzereffekt für die zarten, durchscheinenden Schals entsteht durch farbenfrohe Glasperlen und Kristalltropfen an schmalen Bändchen.

3 Dieser zarte Kronleuchter besteht aus Muschelplättchen, die mit einer einzelnen Glühbirne ein faszinierendes Lichtspiel zaubern.

4 Alte Spiegel, an einer Wand im Schlafzimmer gruppiert, sind eine ungewöhnliche Deko und lassen zudem den Raum größer wirken.

SCHLAFZIMMER

5 Schmuck für den Schminktisch. Die hübschen Glasflaschen und Schälchen für Toilettenartikel und Make-up schimmern im hereinfallenden Tageslicht.

6 Aufbewahrung muss nicht langweilig sein. Wählen Sie hübsche Boxen, die unter dem Bett stets griffbereit, aber nicht im Weg sind.

7 Verbinden Sie Dekoelemente und Lampen zu attraktiven Arrangements, die am Tag wie am Abend hübsch anzuschauen sind.

8 Glanz und Glamour fürs Schlafzimmer durch luxuriöse Tagesdecken, Bettbezüge und extra Kissen in schimmernden Seiden- und Satinstoffen.

9 Objekte in neutralen Tönen mit unterschiedlichen Texturen sind genau das Richtige fürs Schlafzimmer und vermitteln Ruhe und Entspannung.

10 Verwandeln Sie Ihre alte Lampe mit einem neuen Schirm; ein zarter Farbton wie dieser taucht den Raum in samtig-weiches Licht.

11 Stellen Sie Fotos und Souvenirs zusammen, die angenehme Erinnerungen wecken – vielleicht an den letzten Sommerurlaub.

12 Ein Korb neben dem Bett nimmt all die Dinge auf, die abends oder nachts zur Hand sein sollen, zum Beispiel Zusatzdecken.

HOMEOFFICE

1 Zu hübsch zum Verstecken: Farblich abgestimmte Pappboxen zum Verstauen wenig attraktiver Unterlagen.

2 Zwei Pinnwände am Arbeitsplatz – eine fürs Geschäftliche, eine fürs Private – zeigen auf einen Blick, was ansteht.

3 CDs und sonstiges Zubehör passen in bunte Boxen, die wie hier in einem Würfelregal an der Wand ihren natürlichen Platz finden.

4 Befestigen Sie eine Pinnwand auf der Innenseite einer Schranktür; so genügt ein Griff, um sofort im Bilde zu sein.

BÄDER

1 Die einfachste Art, ein Bad zu modernisieren, funktioniert mit Accessoires aus Holz. Sie sind glatt und schlicht und verleihen dem Raum ein modernes, natürliches Flair.

2 Eine einzelne rosa Rose – möglichst duftend – und edle Fläschchen am Waschtisch wirken freundlich und einladend.

3 Eine Anmutung von Luxus: Shampoo und Badezusatz in altmodischen Keramikflaschen, die Seife in einer hübschen Glasbonbonniere.

4 Ein schlichter Holzhandtuchhalter und Hamam-Badetücher sorgen für wohliges Wellness-ambiente im Badezimmer.

PRAXISTIPPS
IDEEN FÜR
JEDEN TAG

Mit Schnittblumen, Zimmerpflanzen, Kerzen und dekorativen Kleinigkeiten lassen sich immer wieder neue Stimmungen schaffen. Da diese Art von Dekoration nicht von Dauer ist, können Sie hier Ihre romantische Ader ausleben, selbst wenn Ihre Einrichtung sonst eher puristisch ist: Lassen Sie mit Ihrer Tischdeko für einen Abend die Jahreszeit herein, oder schaffen Sie ein Meer aus Lichtern mit verschwenderisch vielen Kerzen in allen Räumen.

DER GEDECKTE TISCH

Ganz gleich ob es sich um einen Frühlingsbrunch für zwei, ein großes Familienfest oder ein Abendessen mit Freunden handelt – ein wenig Sorgfalt beim Tischdecken, und Ihre Tafel wird ein Augenschmaus.

FESTTAGSSTIMMUNG
Skandinavisch inspiriert ist dieser Weihnachtstisch mit roten, weißen und hölzernen Accessoires und dem Grün des Baumes.

Schmücken Sie den übrigen Raum mit winterlichen Beeren und immergrünem Laub, um das Bild abzurunden.

Das dezente Arrangement aus Laternen und roten Beeren taucht den Tisch in warmes Licht.

Dank der Tischläufer kann die schöne Holztischplatte ihre Wirkung im Zusammenspiel mit der Deko voll entfalten.

FERNÖSTLICHER CHARME
Accessoires in zarten Rosatönen verleihen diesem Tisch eine asiatische Anmutung.

Die Orchidee in ihrer grazilen Anmut nimmt Farben und Stil der Deko auf.

Modernes Geschirr und Gläser in gedämpften Rosa- und Jadetönen, Essschalen und Stäbchen vervollständigen das fernöstliche Thema.

Legen Sie statt eines Läufers eine schimmernde Tapete längs über den Tisch.

SOMMERFRISCHE Creme-, Rosa- und Weißtöne machen aus diesem Tisch die perfekte Tafel für eine Feier.

Lassen Sie kleine Laternen von der Decke hängen – oder, wenn Sie draußen feiern, von einem Baum, von der Markise oder dem Dach des Pavillons.

Sträußchen zarter Rosen in hübschen Gefäßen verströmen ihren Duft über den Tisch.

Streuen Sie einzelne Blütenblätter zwischen die Gedecke.

WORAUF ES ANKOMMT

Edelsteinfarben und jede Menge glitzernde und schimmernde Accessoires verbreiten weihnachtlich inspirierte Partystimmung.

Dezente Glanzpunkte: Weiße Stumpenkerzen auf hohen, gläsernen Haltern.

Ebenso ungewöhnlich wie einladend: Geschirr und Gläser in denselben Amethyst- und Fuchsiatönen.

Alles Gute kommt von oben: prächtige Christbaumkugeln, die an langen Bändern von der Decke hängen.

Schokolade in schimmernder Folie sorgt für zusätzliche Lichtreflexionen.

LINKS Eine Glasschale mit gefrosteten weißen und silbernen Kugeln als elegante Deko für einen winterlichen Tisch.

UNTEN Schwarzweiß ist eine elegante Deko-variante für einen abendlichen Tisch. Decken Sie schwarzweißes Geschirr auf einer schwarzen Tischdecke; die in Alufolie gewickelten Zucker-mandeln zaubern einen Hauch Glamour.

OBEN Partydrink oder Kunst-werk? Das Stielglas ist mit einer exotischen Blume geschmückt, um seinen Fuß versammeln sich goldfarbene Dekokugeln.

WORAUF ES ANKOMMT

Wählen Sie die leuchtenden Farben der Tropen für ein sommerliches Essen mit Freunden.

Die farbigen Bänder und Papierblumen an den Stühlen sorgen für Partylaune.

Ein einfacher Läufer ist weniger streng als eine klassische Tischdecke.

Servierschälchen in zitronigen Tönen verbreiten sommerlichen Schwung.

Bunte Papierlampions lassen leuchtende Farbtupfer über den Tisch tanzen.

LINKS Für ein sonniges Geburtstagsfrühstück: Müslischälchen auf passendem Teller, darauf eine Serviette und eine Blume, drum herum ein hübsches Band – fertig ist das erste Geschenk des Tages.

UNTEN Dezenter Herbstlook durch natürliche Materialien in neutralen Tönen. Wählen Sie dunkle Holzsets und ein Besteck mit warmen Holzgriffen. Der Tannenzapfen macht die Jahreszeit präsent.

OBEN Einfach, aber elegant: Schlichte, dezente Tischwäsche und Servietten und statt einer zentralen Blumendeko an jedem Gedeck eine Rose. Dazu handgeschriebene Tischkarten und ein zarter Kräuterzweig, am besten etwas Duftendes wie Lavendel oder Rosmarin.

BLUMEN UND PFLANZEN

Pflanzen bringen die Natur ins Haus und erinnern an den immerwährenden Kreislauf der Jahreszeiten, indem sie jeden Raum mit Leben, Farbe, Mustern und nicht zuletzt wundervollen Düften erfüllen.

ROSEN mit ihren herrlichen Blüten und dem betörenden Duft sind einfach unwiderstehlich.

① Zusätzliche Wirkung erzielt das Arrangement im Zusammenspiel mit einer hohen, schlanken Glasvase.

② Traditionelle großblütige Rosen in dunklem Rosé sind ein romantischer Klassiker.

③ Diese bauchige Vase in rauchigem Rosa bringt die Blüten ideal zur Geltung.

Runden die Szenerie ab: die Duftkerzen, verstreute Blütenblätter und zwei hübsche Bücher, wie zufällig dort abgelegt.

PRACHTVOLLE BLUMEN wie Orchideen oder Amaryllis sind von sich aus echte Stars und brauchen nicht viel Drumherum.

Zwei oder drei Amaryllis zusammengebunden in einer hohen Glasvase – fertig ist das Arrangement.

Vor einem Spiegel platziert, verdoppelt sich die Wirkung.

Ein echter Hingucker wird daraus, wenn Sie noch etwas Grün und Kerzenlicht hinzufügen.

EIN WINTERLICHES ARRANGEMENT mal etwas anders: Spitztütchen mit Efeu und Beeren.

Drehen Sie die Tüten ganz einfach aus Bastelkarton.

Kombinieren Sie Beeren und immergrüne Pflanzen wie Efeu.

Hängen Sie die Tüten an dünnem Draht auf, oder verwenden Sie sie als individuelle Tischdeko.

BLUMEN UND PFLANZEN

Eine gläserne Stielvase oder ein Glasteller mit schwimmenden Rosenblüten bringen weiblichen Charme ins Schlafzimmer.

Sträußchen cremeweißer Blumen wirken frisch und zart. Mehrere Gebinde in unterschiedlichen Vasen bieten lässige Romantik.

Gute Laune mit ungewöhnlichen Pflanzgefäßen: Geranien in zu Blumentöpfen umfunktionierten Tee- und Gießkannen.

Schlicht, aber dreifach wirkungsvoll sind diese Keramiktöpfe mit Zwiebelgewächsen wie weißen Hyazinthen in einer strengen Reihe.

Einzelne Wildblumen und -gräser in schlichten Glasflaschen auf einer Fensterbank – ruhig, hübsch und
wie zufällig zusammengestellt.

Ein marokkanisches Teeglas ist der perfekte Rahmen
für zart duftende Blumen. Eine gelungene kleine
Aufmerksamkeit im Gästezimmer.

Lebhaft und nicht zu übersehen ist die leuchtend
orangefarbene Gerbera in einem fuchsiaroten
chinesischen Lampion.

Fröhliche Note für einen Sommertisch. Der üppige
Strauß in voller Blütenpracht steht in einem emaillier-
ten Krug.

KERZEN UND ACCESSOIRES

Gestalten Sie Ihr Heim stilvoll und glamourös und immer wieder neu im Jahresverlauf, indem Sie Kerzen, Accessoires und Fundstücke aus der Natur fantasievoll arrangieren.

DER KAMIN bietet die Bühne für diese prachtvolle Inszenierung.

Kerzen auf dem Sims stehen im heißen Dialog mit dem Kaminfeuer.

Die Girlande aus Misteln und Silberdeko glitzert und schimmert im Schein der Kerzen.

Die breiten Satinbänder verleihen dem traditionellen Kamin einen viktorianischen Anstrich (achten Sie darauf, dass genug Abstand zu den Flammen besteht!)

KRÄNZE machen sich hervorragend als Wanddeko. Hier sorgt das Satinband für Extraglanz; fixieren Sie eine Stoffblume unten am Kranz, direkt über der Schleife.

Die cremefarbene Stoffrose vervollständigt das Gebinde.

Künstliche Schneebeeren holen Winterglitzer ins Haus.

Breite, weiße Bänder geben der Kreation einen zusätzlichen optischen Halt.

MIT STABKERZEN lässt sich schnell ein wirkungsvolles Bild schaffen. Dabei gilt: Je mehr, desto besser.

Stecken Sie die extradünnen Kerzen in Sand und arrangieren Sie sie wie einen Blumenstrauß – auf diese Weise kann auch das Wachs nicht ineinanderschmelzen.

Ein etwas anderer Kerzenhalter ist ein auf alt getrimmter Blecheimer.

Das I-Tüpfelchen: die hellblaue Schleife aus feinem Organza.

Schmücken Sie einfache Teelichthalter mit silbernen Klebesternchen. Mehrere in einer Reihe erzielen den besten Effekt.

Stellen Sie Kerzen auf kleine, runde Spiegel oder Spiegelfliesen, damit sich die Flammen wirkungsvoll reflektieren.

Zentraler Tischschmuck: Diese große zylindrische Schale eignet sich perfekt für ein modernes Arrangement aus Blättern, Blumen und Kerzen.

Knubbelige Tannenzapfen und gefrostete Glaskugeln ergeben eine stimmige Winterdeko mit unterschiedlichen Texturen.

Eine stimmungsvolle Beleuchtung für die Dämmerung bieten weiße Blechlaternen, die an Bändern von der Decke hängen.

Die drei aufgereihten Kerzengläser mit Sand, winzigen Muscheln und jeweils einer dicken Kerze sorgen für Atmosphäre und Urlaubsfeeling.

Eine dicke Zylinderkerze in einer Glaslaterne wirkt immer edel und elegant. Die Glaskiesel sorgen für zusätzliche Lichtspiegelungen.

Statt der bekannten zahnlosen Halloweenfratze lassen hier lauter Löchlein das Teelicht aus dem hohlen Kürbis scheinen.

STICHWORTVERZEICHNIS